Das Queen Mary 2 Kochbuch

Klaus Kremer | Ingo Thiel

Das Queen Mary 2 Kochbuch

Klaus Kremer | Ingo Thiel

Koehlers Verlagsgesellschaft mbH • Hamburg

Bildnachweis Umschlag vorne:
Queen Mary 2 bei Blohm + Voss im Dock Elbe 17, Foto: N. Reinhardt

Ein Gesamtverzeichnis der lieferbaren Titel schicken wir Ihnen gerne zu.
Bitte senden Sie eine E-Mail mit Ihrer Adresse an: vertrieb@koehler-books.de

Sie finden uns auch im Internet unter: www.koehler-books.de

Bibliografische Information der Deutschen Nationalbibliothek
Die Deutsche Nationalbibliothek verzeichnet diese Publikation in der Deutschen Nationalbibliografie; detaillierte bibliografische Daten sind im Internet über http://dnb.d-nb.de abrufbar

ISBN 978-3-7822-1037-9
2. Auflage

Lektorat: Keren Bewersdorf
Layout und Produktion: Nico Reinhardt
Produktionsmanagement: impress media GmbH, Mönchengladbach

Printed in Germany

Inhalt

Eine kulinarische Entdeckungsreise um den Globus . . . 9
Das Schiff der Superlative . . . 11
Speisen an Bord der QUEEN MARY 2 . . . 17
Der Koch der Königin . . . 24
Wie der Fisch auf das Schiff kommt . . . 28
Ein Schwimmbecken voller Tee . . . 29

Vorspeisen . . . 30

Warme Artischockenherzen mit Schinken in Rosa-Pfeffer-Tomaten-Vinaigrette . . . 31
Angemachtes Beef Tatar an Gurkenfächer mit Meerrettichschaum und Sakurakressesalat . . . 33
Blackened Tuna (geschwärzte Thunfischblätter) mit Papaya-Salsa und Wasabi . . . 35
Gebratene Gänseleber an Apfelrisotto mit Beeren . . . 37
Roulade vom geräucherten Heilbutt an Kartoffel-Hash mit Rote-Bete-Teppich und Zitronen-Koriander Dressing . . . 38
Hühnchenleberparfait mit Madeira-Aspik . . . 41
Käsetörtchen an Guacamole mit Riesengarnelen . . . 43
Ceviche von der Lachsforelle in Pfeffermarinade . . . 45
Terrine vom norwegischen Lachs . . . 46
Matjesfilet in Apfel-Schalotten-Schaum auf Rote-Bete-Teppich . . . 49
Mozzarella Caprese Legere mit Prosciutto-di-Parma-Chips . . . 51
Räucherforelle auf Gemüsesalat an Sauce Ravigote . . . 53
Rehblätter mit Pfifferlingen an mariniertem Kopfsalat . . . 55
Rindercarpaccio in Kräutervinaigrette an Portabello-Ragout . . . 57

Suppen/Salate . . . 58

Brennnesselrahmsuppe mit pochiertem Estragonei . . . 59
Caesar's Salad mit Hühnchenstreifen . . . 61
Champignonessenz en Croûte . . . 63
Knuspriges Gartengrün in Dijon-Vinaigrette mit warmem Ziegenkäse . . . 65
Mâchesalat im Walnussdressing mit geräucherter Entenbrust . . . 67
Salat von weißem Stangenspargel mit gebackenem Ei . . . 68
Mesclunsalat mit Kartoffeldressing an lauwarmen Forellenfilets . . . 69
Cremesuppe von weißem Spargel an Wachsei mit Avocadomousse . . . 71
Tom-Yam-Gung-Suppe . . . 73
Wachteleier-Salat mit gebratenem Thunfisch . . . 75
Wiesenchampignons in Kartoffel-Speck-Dressing mit warmen Riesengarnelen . . . 77

Hauptspeisen . . . 78
Rosa gebratene Barbarie-Entenbrust an Chilischokoladensauce mit Kartoffeltalern und lauwarmen Salat . . . 78
Australischer Barramundi mit Fenchelgemüse . . . 81
Doppeltes Entrecôte mit Parmesan-Pont-Neuf auf Spargelbouquet an Raukepesto und Steinpilzjus . . . 82
Dover-Seezungenfilets an Zitronenbutter mit Pfifferlingen und Fingerling-Kartoffeln . . . 84
Geschmorte Rinderrippe auf Meerrettichpüree mit Spargelbouquet . . . 87
Geschmorter Ochsenschwanz auf Rucolapüree und Kohlrabi . . . 89
Hühnchenbrust à la Kiew mit Pilafreis und Babygemüse . . . 90
Hühnchencurry Masala mit Rosinen-Basmatireis . . . 92
Duo von Jakobsmuscheln und Thunfisch an Orangenbutter mit Kartoffelchips . . . 95
Pochierter frischer Kabeljau auf Schnittlauchpüree an Avocadoespuma und Safran Beurre Blanc . . . 97
Kalbsfilet in Sauerampferkruste mit grünem Spargel und Morchelragout auf Rösti . . . 98
Lammrücken in Kräuterkruste mit Kartoffel-Millefeuille und Babygemüse . . . 101
Langustenschwanz an Senfsauce mit frischem Blattspinat . . . 103
Ossobuco alla Milanese an Safranrisotto und Salat vom jungen Blattspinat . . . 104
Rehrücken im Pilzmantel an Baba Ghanoush auf Kartoffelplätzchen und Cranberry-Wildjus . . . 106
Gebratenes Rotbarschfilet »Maya-Art« . . . 108
Scaloppine al Limone mit Tomatenrisotto und Raukesalat . . . 111
Ofengebratene Schweinelende an Calvadosjus, Zucchinigemüse, Kirschtomaten und Kartoffel-Käse-Rösti . . . 112
Steinbutt auf Artischockenrisotto an Brunnenkressesauce und Kirschtomaten . . . 115
Surf & Turf vom Filetsteak und Languste mit Sauce béarnaise und Meerrettichmousseline . . . 116
Tandoori-Hühnchen mit indischem Gurkensalat . . . 118
Rotes Thaicurry mit Garnelen und Jasminreis . . . 121
Vindaloo vom Schwein im Linsenbrotkörbchen auf Basmatireis und Gemüsesalat . . . 122
Wolfsbarschfilets an Gurkenspaghetti und Kartoffelgulasch im Linsenteigkörbchen . . . 125
Zander im Eimantel an Safran-Schaumsauce und Blattspinat . . . 127

Nachspeisen 128
Amerikanischer Käsekuchen mit Erdbeertopping 129
Apfelstrudel mit Vanilleeis 130
Türkisches Baklava 132
Tiramisu an Erdbeerpüree 133
Crêpe Suzette 135
Marinierte Waldbeeren im Körbchen mit Limettensorbet 137
Mohneisparfait auf Kiwi-Carpaccio an Passionsfruchtcoulis 139
Orangen-Creme-Brulée 140
Cointreau-Pannacotta auf Erdbeer-Émincé an Minzpesto 141
Überzogenes Sacher-Parfait an Erdbeerconfit 143
Schneenockerln auf Amarettosauce und Brombeercoulis 145
Schokoladenwasserfall 147
Soufflierte Erdbeeren im Körbchen an Mangocoulis 149
Tarte Tatin mit Vanilleeis und Calvados-Sabayon 151
Exotischer Früchtetian mit Hüttenkäse auf Ananasbeet 152
Topfen-Himbeer-Soufflée mit Vanilleeis 153
Mousse au Chocolat von Orangen-, Limetten- und Traubenschokolade auf Feigenkompott an Haselnuss-Orangenhippen 155
Bildnachweis 156

CUNARD
Queen Mary 2

Eine kulinarische Entdeckungsreise um den Globus

Seit mehr als 170 Jahren, als in Liverpool am 4. Juli 1840 genau um 14.00 Uhr mit der BRITANNIA erstmals ein Schiff der Cunard Line ablegte, haben die Kreuzfahrtschiffe der britischen Traditionsreederei Standards in puncto Service und Qualität gesetzt. Unter den 237 jemals mit dem roten Löwenbanner gefahrenen Luxuslinern ragen die QUEENS, die Königinnen der Meere, strahlend heraus.
Once in a lifetime – eine Fahrt mit der QUEEN MARY 2 gehört zu den Traumreisen von Millionen Menschen. Jedes Jahr genießen mehr als 130.000 Gäste das einzigartige Ambiente auf einem der letzten Ozeanliner der Welt. Und nicht nur bei dem einmaligen Erlebnis einer klassischen Atlantiküberquerung spielt die erstklassige Küche eine herausragende Rolle.

Mit diesem Kochbuch möchten wir Sie mitnehmen auf eine kulinarische Kreuzfahrt, damit Sie auch zu Hause in den Genuss der intensiven Geschmackserlebnisse an Bord des bekanntesten Luxusliners unserer Zeit kommen können. Es ist sehr praxisnah gehalten und dafür gedacht, es auch wirklich neben den Herd zu legen und nicht nur im Lesesessel darin zu blättern. Die zusammengestellten Rezepte gehören zu den beliebtesten Gerichten auf der QUEEN MARY 2, Speisen von allen Kontinenten und aus vielen Regionen, die zu den lukullischen Höhepunkten jeder Kreuzfahrt zählen und für die häusliche Küche entsprechend angepasst wurden. Wir haben großen Wert darauf gelegt, dass alle Rezepte von jedermann ohne Mühe und großen Aufwand nachzukochen sind. Unser Ziel war dabei, Ihnen zu ermöglichen, mit einfachen Mitteln selbst Gourmetgerichte präsentieren zu können, ohne an komplizierten Vorbereitungen zu verzweifeln oder teure Profigeräte für die Zubereitung verwenden zu müssen. Mit klar verständlichen Einkaufslisten und Zubereitungsanleitungen sowie Tricks und Tipps zum besseren Gelingen sollen Ihnen Marktbummel, Vorbereitung und Kochen genauso viel Spaß machen wie der lustvolle Verzehr der Gaumenfreuden.

Lassen Sie den Duft der großen weiten Welt in Ihre Küche,
wir wünschen Ihnen viel Freude beim Lesen und Ausprobieren
und natürlich guten Appetit!

Klaus Kremer und Ingo Thiel

Das Schiff der Superlative

Bereits jetzt gilt sie als Meilenstein in der Kreuzfahrtgeschichte, dabei ist die QUEEN MARY 2 erst seit Januar 2004 im aktiven Dienst. Zum Zeitpunkt ihrer Taufe am 8. Januar 2004 durch die britische Königin Elizabeth II. war die QUEEN MARY 2 das größte, längste, höchste und prachtvollste Passagierschiff der Welt. Mit einer Höhe von 72 Metern überragt sie die Freiheitsstatue oder das Kolosseum in Rom. Sie ist mit 345 Metern länger als drei Fußballfelder und auf den Bug gestellt würde die QUEEN MARY 2 das Empire State Building übertrumpfen. Das Schiff mit seiner BRZ von rund 150.000 ist so groß, dass das erste Cunard-Schiff BRITANNIA fünfmal hineingepasst hätte und die QUEEN ELIZABETH 2, gewiss kein kleines Schiff, zweimal.

Das Design war im Frühsommer 1998 an den Schiffsdesigner der Cunard-Muttergesellschaft Carnival Corporation, den damals 38-jährigen Stephen Payne, vergeben worden. Ein Jahr später, am 8. Juni 1999, wurde der Bau vom Management offiziell angekündigt. Das neue Schiff sollte aber kein reiner Liner für den Atlantikdienst sein, sondern auch alle Annehmlichkeiten eines Kreuzfahrtschiffes bieten. Gleichzeitig sollte der Neubau aber Atlantikstürmen trotzen und schnell genug sein, um den Liniendienst Southampton–New York in sechs Tagen zu schaffen. Payne orientierte sich an den legendären Ozeanlinern der Cunard Line und sah sich vor allem die Pläne der QUEEN MARY und der QUEEN ELIZABETH 2, die ihn durch ihre elegante Linienführung beeindruckte, genau an. Der Designer und sein Team verbrachten mehrere Tage auf der alten QUEEN MARY und studierten die Teile, die noch original erhalten waren. Inspiriert von der Pracht des alten Liners, brachten sie zahlreiche Stilelemente mit ein. So ist die Brückenfront der QUEEN MARY 2 mit den stufenförmigen, umlaufenden Decks nach diesem Vorbild gestaltet. In rund anderthalb Jahren entwarfen Payne und seine Kollegen die neue Schiffsgigantin.

Cunard Line unterzeichnete am 9. März 2000 eine Absichtserklärung, das neue Schiff bei der Werft Chantiers de Atlantique im französischen Saint-Nazaire bauen zu wollen und gab den Namen des Neubaus, QUEEN MARY 2, bekannt.

Am 2. November 2000 wurde der Auftrag offiziell bestätigt, die Arbeiten an Baunummer G 32 begannen mit dem Schneiden der Stahlplatten am 16. Januar 2002. Bis zur Auslieferung an die Reederei waren 694 Tage beziehungsweise acht Millionen Arbeitsstunden für 4.200 Arbeiter, darunter rund 100 Frauen, geplant. Insgesamt wurden rund 34.000 Tonnen Stahl für 300.000 Teile mit einer Außenfläche von 550.000 Quadratmetern verarbeitet. Der verbaute Stahl hätte für die Errichtung von fünf Eiffeltürmen ausgereicht.

Das Datum der Kiellegung am 4. Juli 2002 hatte Cunard Line gezielt ausgesucht – genau 162 Jahre nach der Jungfernfahrt der BRITANNIA. Während der offiziellen Zeremonie wurde der neue Kapitän bekannt gegeben: Ronald Warwick, zuvor bereits Kapitän auf der QUEEN ELIZABETH 2 und seit 32 Jahren im Dienst der Reederei. Er war auch als Werftkapitän ausgesucht worden und leitete ein Team von 25 Ingenieuren und Designern, die jeden Bauabschnitt überprüften. Als Cunard Line im Februar 2002 den Fahrplan des neuen Schiffes vorstellte, führte dieses Programm zunächst zu lebhaften Diskussionen unter Schiffsliebhabern. Denn die Jungfernfahrt im Januar 2004 war von Southampton nach Fort Lauderdale angesetzt, danach standen bis April mehrere Karibikkreuzfahrten auf dem Programm, erst dann sollte die Atlantiksaison mit dem regelmäßigen Liniendienst eröffnet werden. Alle

Der Schornstein mit den charakteristischen Cunard-Farben. Das berühmte Cunard-Rot war Folge eines Experiments: Da im 19. Jahrhundert die Farbe des Rauchfangs durch die hohen Temperaturen schnell abblätterte, experimentierte man beim Bau des ersten Cunard-Schiffs BRITANNIA mit einer Mischung aus Buttermilch und Ockerfarbe, die zunächst einen Gelbton ergab. Bei Betrieb aber brannte sich die Farbe ein und veränderte sich – so entstand der weltweit bekannte Rotton.

Das Kasko der QUEEN MARY 2 und der vollendete Cunard Liner auf offener See.

bisherigen QUEENS waren mit einer Atlantiküberquerung vom Heimathafen Southampton nach New York gestartet. Doch der Passagieransturm gab der Reederei Recht, bereits am Tag des weltweiten Buchungsstarts am 1. August 2002 waren sowohl die Jungfernreise als auch die folgenden Kreuzfahrten ausverkauft.

Angetrieben wird die QUEEN MARY 2 durch vier elektronisch geregelte 16-Zylinder-Common-Rail-Dieselmotoren des finnischen Herstellers Wärtsilä. Jeder der parallel eingebauten Motoren ist zwölf Meter lang, je fünf Meter breit und hoch und wiegt mehr als 217 Tonnen. Die produzierte Energie wird durch Generatoren in Strom umgewandelt, der nicht nur für den Antrieb genutzt wird, sondern auch den gesamten Hotelbetrieb, die Brücke und die Crewquartiere versorgt. Jeden Tag wird auf dem Schiff so viel Strom produziert, dass dies für den Energiebedarf einer Stadt mit mehr als 200.000 Einwohnern ausreichen würde. Schon im frühen Planungsstadium war den Ingenieuren klar gewesen, dass wegen der gewaltigen Masse des Schiffs ein Antrieb mit zwei Schrauben nicht ausreichen würde, wenn die geplante Höchstgeschwindigkeit von mehr als 30 Knoten erreicht werden sollte. Schiffsdesigner Payne hatte sich darum für einen Antrieb mit sogenannten Azipods (Azimuthing Electric Propulsion Drive, kurz Pods, auf Deutsch etwa mit drehbarer elektrischer Vortrieb zu übersetzen) entschieden. Diese Pods sind Elektromotoren, die in einem strömungsgünstigen und somit möglichst wenig Widerstand bietenden Kasten mit Flügelpropellern, der Gondel, unter dem Schiffsrumpf hängen. Über eine kurze Welle sind der Elektromotor und der fast sechs Meter hohe Propeller für den Vortrieb miteinander verbunden. Ein Pod bildet somit eine fast autarke Einheit außerhalb der Schiffshülle, nur die Versorgungsleitungen führen zu den Tanks im Schiffsinneren. Die Besonderheit dabei: Anstatt wie mit einer Schraube durch das Wasser geschoben zu werden, ziehen die Pods ein Schiff durch die See, was wesentlich

Die Gondeln der vier Mermaid-Pods sind so groß wie ein Londoner Doppeldecker-Bus.

strömungsgünstiger und damit effizienter sowie treibstoffsparender ist. Und sie haben noch einen, für den Komfort auf Passagierschiffen entscheidenden Vorteil: Lärm und Vibrationen, wie von herkömmlichen Schraubenantrieben gewohnt, sind auf ein Minimum reduziert.
Insgesamt fünf Millionen Dollar bewilligte die Reederei für den Ankauf von Kunst. An Bord befinden sich Werke von 128 Künstlern aus 16 Ländern, zu mehr als 1.300 Originalen kamen gut 4.000 limitierte Drucke. Zu den kniffligsten Momenten beim Innenausbau zählte das Einsetzen des Kuppeldachs des ersten Planetariums an Bord eines Kreuzfahrtschiffes. Wäre die vier Tonnen schwere Kuppel auch nur um einen einzigen Zentimeter nach links oder rechts verrutscht, wäre der Schwerpunkt des Schiffes verschoben worden. Ein schwer zu korrigierender Fehler, denn das Planetarium liegt unten auf Deck 2, und man hätte die gesamten Segmente wieder herausreißen müssen.
Am 25. September 2003 absolvierte die QUEEN MARY 2 erfolgreich ihre erste Probefahrt auf offenem Meer. Vier Tage wurde die Technik des damals größten Passagierschiffes der Welt auf dem Nordatlantik mehreren Testläufen unterzogen. Insgesamt fanden mehr als 40 unterschiedliche Prüfungen statt. Die 157.000 PS starken Motoren arbeiteten erstmals unter realen Bedingungen auf Hochtouren und brachten das Schiff auf die anvisierte Höchstgeschwindigkeit von knapp 30 Knoten, was ungefähr 56 km/h entspricht.
Am 22. Dezember 2003 wurde das Schiff an die Reederei übergeben, nach einer weiteren Probefahrt mit voller Mannschaftsstärke lief die QUEEN MARY 2 am 26. Dezember 2003 zum ersten Mal in ihren Heimathafen Southampton ein. Ab dem 2. Januar wurde das Schiff dann in Southampton für die Taufe auf Hochglanz poliert. Zur Taufe am 8. Januar 2004 erschien die Taufpatin, Queen Elizabeth II., ganz in Pink und natürlich mit Hut. Vor rund 3.000 geladenen Gästen trat die britische Königin ans Rednerpult und ließ per Knopfdruck eine Drei-Liter-Champagnerflasche am Bug zerplatzen.
Vier Tage später, am 12. Januar 2004, brach die QUEEN MARY 2 zur Jungfernfahrt auf. Als das Schiff zu den Klängen von »Rule Britannia« den Heimatkai verließ, jubelten ihm Zehntausende Zuschauer zu. In der Jungfernsaison bot sich in jedem Hafen das gleiche Bild, die QUEEN MARY 2 wurde von Privatbooten und vielen Zuschauern an Land erwartet. Vor allem die erste Begegnung zweier Queens in New York nach 38 Jahren, als sich am 25. April QUEEN MARY 2 und QUEEN ELIZABETH 2 am Pier 90 in Manhattan trafen, sorgte für Aufsehen. Gemeinsam fuhren die beiden Queens in einer Tandemfahrt über den Atlantik nach Southampton, wo sie am 1. Mai von einer jubelnden Menge empfangen wurden. Nirgendwo auf der Welt hat die Königin der Meere aber eine solche Resonanz gefunden wie in Ham-

Zur Taufe durch Queen Elizabeth II. am 8. Januar 2004 kamen 3.000 Gäste aus aller Welt.

burg. Beim ersten Anlauf in der Hansestadt wurde am 19. Juli 2004 ein riesiges Volksfest gefeiert, mehr als 400.000 Menschen aus dem In- und Ausland wollten das Schiff sehen. Viele Medien, aber auch Fachleute aus der Kreuzfahrtbranche hielten diesen grandiosen Erfolg für nicht wiederholbar. Es sei klar, dass das größte Passagierschiff der Welt beim Erstanlauf Aufmerksamkeit errege, die werde sich aber schnell wieder legen. Wie sich zeigen sollte, können auch Experten irren.

Zunächst aber kam die QUEEN MARY 2 zu olympischen Ehren. Das griechische Nationale Olympische Komitee (ATHOC) charterte den Luxusliner für die Olympischen Sommerspiele in Athen als Hotelschiff. Für 18 Tage ging die QUEEN MARY 2 vom 12. bis 30. August als Flaggschiff der Olympischen Spiele 2004 in Piräus vor Anker.

Das deutsche Büro der Reederei in Hamburg plante unterdessen für den Sommer 2005 den »QUEEN MARY 2-Day«. Kapitän Bernard Warner, der später zum Commodore (oberster Kapitän) der Cunard-Flotte ernannt wurde, war vom Resultat genau so beeindruckt wie sein Kollege Paul Wright ein Jahr zuvor, als er die QUEEN MARY 2 am 1. August 2005 in den Hamburger Hafen steuerte. Rund 500.000 Besucher wurden an diesem Tag gezählt, mehr als 120 Medienvertreter wurden über das Schiff geführt, die Hamburger Hotels waren restlos ausgebucht, 50.000 zusätzliche Übernachtungen und viele Tagesgäste sorgten dafür, dass die Kasse klingelte. Hamburgs Tourismuschef Dietrich von Albedyll schätzte den zusätzlichen Umsatz für die Hansestadt auf 50 Millionen Euro.

Zu Jahresbeginn 2006 freuten sich zahlreiche Passagiere auf ihre Kreuzfahrt von New York rund um Südamerika und Kap Hoorn nach Los Angeles. Doch als das Schiff am 17. Januar in Fort Lauderdale ablegte, ging ein großer Ruck durch das Schiff. Commodore Warwick ließ den Liner sofort wieder anlegen und ausgiebig von Tauchern untersuchen. Diese bestätigten, dass einer der Antriebspods beschädigt, die QUEEN MARY 2 aber ansonsten unversehrt sei. Die beschädigte Einheit musste trotzdem schnellstmöglich im Trockendock abgenommen werden, um sie reparieren zu können. Die Wahl fiel auf die Hamburger Werft Blohm + Voss, im Mai wurde für das Schiff eine Werftliegezeit reserviert. Zuvor kam es in Los Angeles am 23. Februar 2006 zu einer denkwürdigen Begegnung, als die QUEEN MARY 2 mit ihrer in Long Beach liegenden Vorgängerin QUEEN MARY zusammentraf, das Bild ging um die Welt. Mit der Wahl des Werfttermins war der Reederei ein großer Marketingcoup

Begegnung zweier Legenden: Die QUEEN MARY 2 fährt am ständigen Liegeplatz der als Hotelschiff eingesetzten ersten QUEEN MARY in Long Beach/Kalifornien vorbei.

Die erste Atlantiküberquerung der Queen Victoria von Southampton nach New York fand als Tandemfahrt mit der großen Schwester Queen Mary 2 statt.

gelungen: Der 6. Mai 2006 fiel zusammen mit dem 817. Hafengeburtstag, einem Ereignis, das in Hamburg regelmäßig mehr als eine Million Zuschauer anlockt. An diesem Sonnabend waren es sogar noch mehr, rund 1,5 Millionen Zuschauer feierten die Queen Mary 2, die sie ausgiebig anschauen konnten. Der beschädigte Mermaid-Pod wurde bei Blohm + Voss problemlos abmontiert und ein halbes Jahr später, im November, bei einem fünftägigen Aufenthalt wieder angebracht.

Als die Queen Elizabeth 2, die Queen Mary 2 und die Queen Victoria am 13. Januar 2008 am selben Tag in New York eintrafen, war dies selbst in der damals 168-jährigen Geschichte der Cunard Line ein Novum und Meilenstein. Erstmals lagen drei Queens in der langen Historie der Reederei in einem Hafen. Zwar gingen auch diese Bilder um die Welt, aber es war mehr Medienauflauf denn Zuschauerandrang. In Hamburg dagegen kamen selbst beim zwölften Anlauf im August 2009 mehrere Zehntausend Besucher und am 8. Mai 2010, wiederum als Highlight des Hafengeburtstags, säumten beim Auslaufen erneut rund 900.000 Menschen das Elbufer; nirgendwo auf der Welt hat die Queen Mary 2 eine so große und treue Fangemeinde wie in Deutschland.

Cunard Line entschied sich bei allen technischen Überprüfungen und Umbauten der Queen Mary 2 für die Hamburger Werft Blohm + Voss.

Speisen an Bord der QUEEN MARY 2

Die QUEEN MARY 2 bietet zahlreiche Möglichkeiten zu dinieren. Ob stilecht in einem der drei Hauptrestaurants, leger in einem der Themenrestaurants des King's Court Buffet Restaurants, mit dem leckeren Snack an Deck im Boardwalk Café oder raffiniert zubereitet im Todd English Restaurant, benannt nach dem amerikanischen Starkoch. Vom Early Bird Frühstück ab 6.00 Uhr bis hin zum Mitternachtsbuffet, die Reederei Cunard Line verwöhnt die Gaumen ihrer Gäste. An Bord erwartet die Reisenden ebenso eine liebevolle Hommage an die Restaurants an Bord der früheren Cunardliner aus der goldenen Zeit der Kreuzfahrt wie moderne, internationale Küchenkonzepte: Es ist Teil des Konzepts, jede Mahlzeit zu einem Erlebnis werden zu lassen.

Etwa 16.000 Mahlzeiten werden täglich auf der QUEEN MARY 2 zubereitet, denn auch die Besatzung von 1.300 Mann muss verpflegt werden, und mehr als 30 Menükarten für jeden Tag auf See zusammengestellt. Eine gewaltige Logistik führt dazu, dass selbst während einer Mahlzeit mit mehr als 1.000 Gästen im Britannia Restaurant an einem Tisch mit 10 Personen, ohne lange warten zu müssen, jeder zur selben Zeit das gewünschte Essen erhält, auch wenn unterschiedliche Speisen bestellt wurden.

Die notwendige Organisation und Vorbereitung spielt sich größtenteils in den für Passagiere nicht zugänglichen Bereichen ab: in den Lager- und Kühlräumen im Bauch des Schiffes sowie den vielen Vorbereitungsstationen. Dies reicht von den Gemüseputzern und -schneidern über die fachgerechte Zerlegung von Fisch und Fleisch bis hin zu Köchen, die auf die Herstellung von Saucen spezialisiert sind. Die QUEEN MARY 2 hat insgesamt 15 Decks, die untersten vier – Doppelboden, Deck B, Deck A und Deck 1 – sind mit Ausnahme von wenigen Räumlichkeiten auf Deck 1, wie den vier Tenderstationen sowie dem Bordhospital, ausschließlich der Crew vorbehalten. Im Doppelbodendeck sind die Dieselmotoren, Maschinen und Zuleitungen untergebracht. Auf Deck B befinden sich Lagerräume, die Reinigung und Freizeitangebote für die Crew. Der größte Teil der Mannschaft wohnt auf der gesamten Länge von Deck A und dem darüberliegenden vorderen Teil von Deck 1. Auf diesem Deck sind auf der Steuerbordseite mittschiffs die Küchen und die Messen für Mannschaft und Offiziere zu finden, weiter hinten liegt der Crew-Pub »Pig & Whistle«. Das hintere Ende von Deck 1 ist zahlreichen Lager- und Kühlräumen für die direkt darüber befindliche Hauptküche hinter dem Britannia Restaurant vorbehalten. Diese Hauptküche ist für Gäste nur bei angebotenen Führungen zugänglich.

Hinter der Hauptküche hat der Küchenchef sein Büro und leitet von hier aus eine Brigade von 150 Köchen und 85 Küchenhilfen aus aller Herren Länder. Jedes Restaurant hat seine eigene Küche mit eigenem Chefkoch und seiner Mannschaft. In der Hauptküche kümmern sich zwölf Mitarbeiter in der kalten Küche um die Vorspeisen, im warmen Bereich sind 48 Mann im Einsatz, den Nachtisch stellen acht Patissiers her. Die anderen Küchenkräfte sind vor allem in der Vorbereitung tätig, dabei werden nicht nur säckeweise Kartoffeln oder Gemüse geschnitten, es gibt eigene Fleisch-, Fisch-, Suppen- und Saucenküchen an Bord. Ein Bäcker- und ein Konditormeister mit jeweils mehreren Bäckern und Helfern stellen für alle Restaurants täglich Brotspezialitäten, Brötchen sowie Gebäck und Torten u.a. für die traditionelle »Tea-time« her. Dazu kommen noch die Gemüseschnitzer, die zum Beispiel aus Tomaten kunstvolle Rosen zur Dekoration der Speisen zaubern. Wahre Künstler sind

Der Wandteppich der niederländischen Designerin Barbara Broekman ist eines der auffälligsten Kunstwerke an Bord. Insgesamt fünf Millionen Dollar stellte Cunard Line für Kunst zur Verfügung. Direkt vor dem Teppich steht der Kapitänstisch mit bis zu 12 Plätzen.

auch die Eisskulpteure, die mit einer kleinen Kettensäge mächtige Figuren für die Buffets herstellen. Für Sauberkeit sorgen insgesamt rund 90 Tellerwäscher und Reinigungskräfte mithilfe von gewaltigen Geschirrspülmaschinen; zwei Hygieneoffiziere wachen darüber, dass alle Qualitätsstandards in diesem Bereich eingehalten werden.

In den Restaurants kann man einen Teil der Logistik selbst beobachten: Die Kellner sind festen Tischen zugeteilt und bedienen diese von Stationen aus, die im gesamten Restaurant verteilt sind. Wenn die Gäste beim Kellner ihre Bestellung aufgeben, notiert er diese auf einem normierten Bon. Diese Bons werden in die Küche gebracht, die bestellten Speisen in ein sogenanntes Dinnercount-System eingegeben und nach der Reihenfolge des Eingangs an den einzelnen Küchenstationen fertiggestellt. Auf zwei großen Bildschirmen, die gegenüber der Ausgabe angebracht sind, werden die im Voraus geplanten Mengen sowie die bestellten und die fertigen Speisen angezeigt. So kann der Küchenchef jederzeit auf einen Blick erfassen, welches Essen knapp wird, und rechtzeitig den benötigten Nachschub an frischen und vorbereiteten Zutaten ordern. Die Kellner warten an den Küchenstationen, bis das mit Hauben abgedeckte Essen ausgegeben wird, die Bestellbons für die einzelnen Tische sind dazugelegt. Mit dem Tablett voller Speisen machen sich die Kellner auf den Weg zu ihren Stationen, in den oberen Bereich des Britannia Restaurants führen dabei sogar zwei Rolltreppen. An den Stationen werden die Hauben von den Tellern genommen und dann die Speisen am Tisch serviert.

Der Cunard-Tradition entsprechend, entscheiden Gäste mit der Buchung ihrer Unterkunft, in welchem der Hauptrestaurants sie speisen. Mit der Wahl der Kabine oder Suite ist automatisch eine Tischreservierung in einem der À-la-carte-Restaurants verbunden, in dem man täglich das Frühstück, Mittag- und Abendessen genießen kann. Zur Auswahl stehen das herrschaftliche Britannia Restaurant, das darin abgeteilte Britannia Club Restaurant, das exklusive Grill Restaurant oder das luxuriöse Queens Grill Restaurant.

Das Britannia Restaurant:

Die elegante, geschwungene zweiflügelige Freitreppe des doppelstöckigen Hauptrestaurants bietet die perfekte Bühne für einen Galaauftritt. Gäste speisen im geschmackvollen Art-déco-Ambiente wahlweise in der frühen Sitzung ab 18.00 Uhr oder in der späten Sitzung ab 20.30 Uhr. Zum Frühstück und Mittagessen herrscht hier freie Platzwahl. Das Britannia Restaurant ist so hoch wie drei Decks und mit klassischen Säulen sowie einem gewaltigen Oberlicht in der Mitte ausgestattet. Die Schiffsdesigner um Stephen Payne orientierten sich bei der Ausstattung an den Restaurants der Cunardliner MAURETANIA, AQUITANIA und der ersten QUEEN MARY. Insgesamt können im Britannia Restaurant bis zu 1.248 Gäste speisen, 702 im unteren Bereich auf Deck 2, 546 ein Deck höher auf geschwungenen Balkonen. An der Stirnwand des Restaurants hängt der extra angefertigte Wandteppich der niederländischen Textildesignerin Babara Broekman. Der 7 x 4 Meter große Gobelin ist einer der am aufwändigsten hergestellten Kunstgegenstände an Bord und zeigt die QUEEN MARY vor der Skyline Manhattans, umweht von zahlreichen bunten Luftschlangen und im Vordergrund vor dem Bug einen Teil der Brooklyn Bridge. Es dauerte alleine neun Monate, diesen Wandteppich zu weben, der die gesamte Höhe des Raumes ausnutzt, was dem Britannia Restaurant selbst bei voller Besetzung ein Gefühl von Weite verleiht. Direkt vor diesem Teppich in der Mitte steht der Kapitänstisch, an den der oberste Gastgeber an Bord mindestens einmal pro Kreuzfahrt ausgewählte Gäste einlädt.

Das Britannia Club Restaurant:

Als einer von 96 Clubgästen genießen die Reisenden das Dinner in der intimen Atmosphäre des extra für sie reservierten hinteren Bereichs auf der unteren Ebene des Britannia Restaurants.

Der Vorteil: Es gibt hier keine Sitzungen wie im übrigen Britannia Restaurant. Der Gast kann frei wählen, wann er in der Zeit von 18.30 bis 21.00 Uhr seinen Platz einnehmen möchte. Auch hier zieren Art-déco-Elemente und -kunstwerke die Wände.

Die Grill Restaurants:

Passagiere der Grill-Kategorien, aus den Suiten und Penthäusern, speisen entweder im intimen Princess Grill mit 178 Sitzplätzen oder im luxuriösen Queens Grill Restaurant mit 204 Sitzplätzen, die sich am Heck auf Deck 7 gegenüberliegen. Auch hier wird in einer Sitzung von 18.30 bis 21.00 Uhr gespeist. Die Grill-Klasse wird vom berühmten Berlitz Guide regelmäßig mit fünf Sternen ausgezeichnet und gehört zu den besten Restaurants auf See. In beiden Restaurants werden À-la-carte-Menüs mit einer Kombination klassischer Gerichte der Cunard-Küche sowie neuer Kreationen geboten.

King's Court Buffet Restaurants:

Das King's Court besteht aus vier verschiedenen Buffet-Restaurants auf Deck 7 und ist rund um die Uhr geöffnet. Insgesamt 684 Gäste können hier gleichzeitig essen. Auf Deck 7 fährt man am besten mit einem der beiden gläsernen Fahrstühle in der Grand Lobby, sie enden direkt im King's Court Restaurant. Morgens und mittags handelt es sich beim King's Court um reine Buffet-Restaurants, abends wandeln sie sich zum Teil in Themenrestaurants mit Menüs, ein kleiner Teil bleibt als Buffetrestaurant die legere Alternative zum À-la-carte-Essen in den Hauptrestaurants. Die restliche Restaurantfläche wird mit Stellwänden in vier Themenrestaurants mit festem Speiseplan verwandelt. Das Essen in allen

vier Themenrestaurants ist kostenlos, man muss zuvor nur rechtzeitig beim Maître einen Tisch reservieren. Diese kulinarischen Erlebnisse sind sehr zu empfehlen, darum aber auch sehr begehrt, und es empfiehlt sich, mindestens einen Tag im Voraus zu reservieren.

The Carvery:

Hier geht es very british zu. Von Fish and Chips zu Roasted Chicken und Shepherd's Pie findet man eine täglich wechselnde Karte mit britischen Spezialitäten vor. Insbesondere Freunde von Gebratenem kommen hier auf ihre Kosten, bis zu 164 Gäste können hier speisen.

Trattoria La Piazza:

Das italienische Spezialitätenrestaurant mit 66 Sitzplätzen bietet die Highlights der mediterranen Küche. Pastagerichte, Pizza, Scaloppine, Ossobuco und Dolce, köstliche italienische Süßigkeiten zum Nachtisch, sind nur einige der zahlreichen Gerichte hier. Die Trattoria ist insbesondere bei Kindern beliebt, aber auch erwachsene Freunde der italienischen Küche kommen hier auf ihre Kosten.

Lotus:

Das Asia-Restaurant ist eines der beliebtesten an Bord der QUEEN MARY 2. Die Gerichte aus fernöstlichen Ländern werden zum Teil direkt vor den Augen der Gäste zubereitet. Egal, ob indisches Vindaloo, thailändisches Curry oder chinesisches süß-saures Schweinefleisch: die schmackhaften Gerichte der ausgewogenen asiatischen Küche sind unter den Gästen sehr beliebt. Bis zu zwölf Gänge werden hier nach einem festen Menüplan serviert, die 88 Plätze sind meist schnell ausgebucht.

Chef's Galley:

Nicht nur kleine Gäste lieben die Chef's Galley. Hier hat man mittags das Gefühl, zu Gast in einem stilechten amerikanischen Diner zu sein. Die Köche auf der anderen Seite des Tresens bereiten hier frisch und nach Wunsch des Gastes gesunde und leckere Sandwiches zu, braten aber auch Cheeseburger, zu denen es natürlich French Fries, also Pommes frites, gibt. Ausgewogener und gesünder wird es abends beim Show Cooking: Wer einen der nur 36 Plätze für die Kochshow reserviert, kann live verfolgen, wie die Köche mit zahlreichen Erläuterungen vor den Augen der Gäste das Essen zubereiten. So wird je nach Speisenfolge z. B. erklärt, wie man einen ungewöhnlichen Krabbencocktail herstellt, was in die Saucen für das Porterhouse-Steak muss und wie man einen echten New York Cheese Cake backt. Natürlich gibt es diese Gerichte für die Gäste dann auch zum Abendessen und sie bekommen alle verwendeten Rezepte zum Abschluss ausgehändigt.

Der amerikanische Starkoch Todd English kreierte alle Rezepte für das nach ihm benannte Restaurant an Bord.

Todd English Restaurant:

Todd English ist ein in den USA durch seine Nobelrestaurantkette »Olives« sehr bekannter Küchenchef, nach dessen mediterranen Rezepten auf der QUEEN MARY 2 leichte, schmackhafte Gerichte serviert werden. Todd English ließ sich vertraglich zusichern, jederzeit, in jedem Hafen der Erde, das Schiff besuchen zu können, um zu kontrollieren, ob bei der Zubereitung seiner Gerichte die Rezepte genau eingehalten werden. Das nach dem amerikanischen Starkoch benannte Restaurant befindet sich auf Deck 8 am Heck des Schiffes und bietet 116 Gästen einen wundervollen Ausblick auf das Meer. Bei gutem Wetter und in wärmeren Gefilden wird die Freifläche auf dem Sonnendeck vor dem Restaurant zum Außenbereich mit eingedeckten Tischen. Das Restaurant ist dem Verandah Grill auf der ersten QUEEN MARY nachempfunden und bietet 165 Plätze. Das Designteam schaffte mit einem Vorraum mit rundem Diwan sowie einem Himmel aus goldfarbenen Stoffen ein nahezu orientalisches Ambiente, dessen Farben im Restaurant selbst mit Hussen an den Stühlen und gleichfarbigen Sofas wieder aufgenommen werden. Das À-la-Carte-Restau-

rant hat mittags und abends geöffnet. Gäste, die hier speisen möchten, müssen vorher reservieren. Das Essen war im ersten halben Jahr nach Indienststellung des Schiffes kostenlos, da es aber regelmäßig zu Gedränge und Gerangel um die Plätze kam, führte die Reederei eine Gebühr ein: 20 US-Dollar pro Person für das Mittagessen, 30 US-Dollar am Abend. Seitdem geht es gesittet zu, das Restaurant ist aber immer noch gut besucht, und es empfiehlt sich auch hier, rechtzeitig zu buchen.

Boardwalk Café:

Dieses sonnige Plätzchen auf Deck 12 entdecken die meisten Passagiere gar nicht. Denn das Boardwalk Café hat bei gutem Wetter nur an Seetagen geöffnet und ist ein echter Geheimtipp für einen leckeren Snack. Man bestellt im innen liegenden Grill und nimmt sich vom Buffet, um dann auf dem Deck unter Sonnenschirmen an der frischen Luft das herrliche Wetter und die Aussicht zu genießen. 36 Sitzgelegenheiten stehen zur Verfügung, zum Frühstück und Mittagessen kann man hier unter freiem Himmel speisen.
Neben den Restaurants kann man auch im Golden Lion Pub auf Deck 2, wo es traditionelle Pubgerichte wie zum Beispiel Shepherd's Pie, Club Sandwich oder Fish and Chips gibt, oder gegenüber in der Weinbar Sir Samuel's, wo z. B. Quiche Lorraine gereicht werden, speisen. Im Queens Room, dem großen Ballsaal, nimmt man stilvoll in viktorianischer Atmosphäre den nachmittäglichen High Tea ein – klassisch mit Cucumber Sandwiches und Scones, serviert von Kellnern mit weißen Handschuhen. Alternativ oder wenn alle Plätze im Queen's Room besetzt sind, steht das Winter Garden Café, das auf Deck 7 direkt an das King's Court Restaurant anschließt, mit 210 Sitzplätzen zur Verfügung. Und wem das üppige Mahlzeitenangebot nicht ausreicht oder wen mitten in der Nacht der Hunger quält, der kann rund um die Uhr auf den Zimmerservice zurückgreifen und sich kostenlos Suppen, Salate, Sandwiches, Nudeln, Burger oder Steaks auf die Kabine bestellen.

Der Koch der Königin

Zu Karneval ist Klaus Kremer meistens traurig, denn während das ganze Rheinland feiert, ist der 1962 geborene Urkölner oftmals auf einem der Cunard-Schiffe unterwegs. Der Junggeselle ist Küchendirektor auf der Queen Mary 2 und fährt seit 1988 beruflich zur See. Dabei sammelte er Erfahrungen auf sechs Luxuslinern, bei Cunard Line zunächst auf der Vistafjord, dann für zwölf Jahre auf der Queen Elizabeth 2 und seit der Indienststellung 2004 auch auf dem Flaggschiff der britischen Nobelreederei. Rund 2,8 Millionen Seemeilen hat Kremer seitdem beruflich zurückgelegt, das entspricht 13 Mal der Entfernung von der Erde zum Mond, pro Jahr ist er 8 Monate auf See. Obwohl seit zwei Jahrzehnten dabei Englisch seine tägliche Berufssprache ist, kommt der breite kölsche Dialekt in der Fremdsprache immer noch durch. Denn die rheinische Frohnatur verbringt die Landurlaube fast ausschließlich in seiner Heimatstadt Köln, in seiner kleinen Wohnung im heimischen Nippes, die kaum größer ist als seine Kabine an Bord. Allerlei Mitbringsel von seinen zahlreichen Touren, darunter allein 15 Weltreisen, schmücken die Wände daheim. Und auch wenn er nach Hause kommt, stellt sich Klaus Kremer an den Herd und kocht – »aber dann muss es was richtig Kölsches sein, zum Beispiel Sauerbraten«.

Bevor es von Nippes in die weite Welt ging, hatte er sein Handwerk von der Pike auf gelernt. Seine ersten eigenen Experimente in der Küche wagte er im Alter von zehn Jahren, »da hatte ich die Höhe des Herds endlich erreicht. Zum Leidwesen meiner Mutter, denn danach sah die Küche immer fürchterlich aus.« Kremers kulinarischer Werdegang begann 1978 mit einer Ausbildung zum Konditor im barocken Café Jansen in der Kölner Innenstadt. Weil er danach vom Lernen noch nicht genug hatte, hängte er gleich noch eine Ausbildung zum Koch hintendran, im renommierten Börsenrestaurant seiner Heimatstadt. Anschließend sammelte er weitere Erfahrungen in Küchen europäischer Spitzenhotels von Schweden bis in die Schweiz: »Als Koch muss man reisen, um verschiedene kulinarische Erfahrungen zu machen. Und dadurch spreche ich vier Sprachen fließend: Englisch, Schwedisch, Deutsch und Kölsch.«

Durch eine Fernsehsendung wurde sein Leben 1988 auf den Kopf gestellt. Kremer sah eine Folge der ZDF-Serie »Das Traumschiff« und beschloss, sich als Koch auf einem Kreuzfahrtschiff zu bewerben. Spontan schickte er seine Unterlagen an die britische Traditionsreederei Cunard Line, neun Tage später hielt Kremer die Zusage in der Hand und ging bereits drei Tage später in Barbados an Bord der VISTAFJORD. Seitdem hat er sein Herz an die Welt der schwimmenden Küchen verloren, Kreuzfahrtschiffe lassen ihn nicht mehr los: »Ich wache jeden Morgen woanders auf der Welt auf, das ist das Besondere an meinem Beruf.« Wenn Klaus Kremer voller Enthusiasmus von seinen Erlebnissen spricht, vergisst man schnell, dass hinter der perfekten Küche des Luxusliners viel harte Arbeit steckt.

Abschmecken, anrichten, ausprobieren: der Küchendirektor ist für den Geschmack aller Speisen verantwortlich.

Der ständige Austausch mit Mitarbeitern in Küche und Restaurants ist wichtig für eine gleichbleibend hohe Qualität.

Vier Monate Schiff am Stück ohne einen freien Tag, sieben Tage die Woche mindestens 14 Stunden, dann zwei Monate Urlaub – das ist der Arbeitsrhythmus, den er seit zwei Jahrzehnten hat. Er nutzte die Zeit, perfektionierte seine Kochkunst, gewann an Führungskompetenz und stieg peu à peu auf, vom einfachen Koch zum Küchendirektor auf der QUEEN MARY 2. Seit 2006 bestimmt der Junggeselle den Kurs der Küchencrew auf dem Cunard-Flaggschiff, trägt als Offizier drei Streifen und gebietet über 220 Mitarbeiter.
14.000 Mahlzeiten pro Tag werden auf der QUEEN MARY 2 serviert, neben den 2.620 Passagieren muss auch die aus 1.300 Köpfen bestehende Mannschaft verpflegt werden. Kremer bestimmt den Geschmack aller Speisen, der Chefvorkoster hat immer sein Probierbesteck dabei, wenn er zwischen den Küchen der Restaurants unterwegs ist. Wichtigstes Arbeitsgerät neben Probierbesteck und Kochlöffel ist der Computer. Zum einen das sogenannte Dinner-Count-System, auf dem in der QUEEN MARY 2-Hauptküche hinter dem Britannia Restaurant die Bestellung jedes Kellners elektronisch erscheint. Daneben sind die derzeit zur Verfügung stehenden Portionen aufgeführt, sodass Kremer sofort reagieren kann, wenn etwas knapp wird. Zum anderen der PC in seinem Büro, wo er in Absprache mit dem für alle drei Schiffe zuständigen kulinarischen Botschafter der Cunard Line, Jean Marie Zimmermann, Menüpläne erstellt, die Speisenfolge für die nächsten Kreuzfahrten plant oder den Bestand in den Kühlräumen checkt. Dabei arbeitet der Küchendirektor eng mit dem Food & Beverage-Manager sowie dem Lagermeister zusammen. Insgesamt ist ein 13-köpfiges Team für Planung und Organisation von Bestellungen, Lieferungen, Verladung und Ausgabe zuständig.
Die grobe Richtung des Menüplans wird durch die Nationalität der Gäste bestimmt. Bei der Zusammenstellung der täglichen Speisekarten und den daraus resultierenden Bestellungen muss Kremer die Vorlieben der Gäste richtig einschätzen: Transatlantikreisende, so seine Erfahrung, sind hungriger als Kreuzfahrt-Passagiere und Deutsche ordern besonders gern Fisch, während Amerikaner Rindfleisch bevorzugen. Auch der Verbrauch von Burgern und Fritten steigt steil an, wenn viele US-Passagiere an Bord sind. Schalentiere gehen dagegen bei allen Nationalitäten gut, jede Woche bereitet Kremers Crew allein 500 Kilogramm Hummer zu. Auch auf religiöse Vorschriften und gesundheitliche Einschränkungen kann die Küche Rücksicht nehmen, wenn Gäste dies vor der Reise angeben. In den Tiefkühlräumen lagern sowohl koschere als auch nach dem moslemischen Reinheitsgebot hergestellte Zutaten. Kremer kann auch ungewöhnliche Wünsche erfüllen: So wird für einen amerikanischen Milliardär, der über ein nicht unbeträchtliches Aktienpaket der Muttergesellschaft Carnival verfügt, auf dessen Wunsch und Kosten extra Fleisch vom japanischen Koberind eingeflogen, wenn er an Bord ist. Die spezielle Behandlung der Tiere mit besonderem Futter und Reisweinmassagen macht ihr Fleisch besonders zart und das Kilogramm bis zu 300 Euro teuer. Wenn ein Sonderwunsch partout nicht erfüllt werden kann, wird eine Alternative offeriert, so wollen es die Regeln des legendären White-Star-Services.
Warum Klaus Kremer für einen Koch ungewöhnlich drahtig ist, verdeutlicht ein Blick auf seinen Arbeitsalltag: Er ist an Bord des 345 Meter langen Ozeanriesen fast ständig unterwegs. Die Qualität der Speisen sichert er täglich ab 8 Uhr morgens mit dem Gang durch alle Restaurants, um den Frühstücksservice zu begutachten und, wenn nötig, zu korrigieren. Das wiederholt sich auch zur Mittagszeit sowie bei der traditionellen Tea-time und beim Dinner am Abend. Zwischendurch prüft Kremer immer wieder die Buffets im King's Court, meistens auch noch einmal das Mitternachtsbuffet. Dafür gönnt er sich nach dem

Auch die Prominenz lässt sich gerne durch die Küche führen, wie hier die Herzogin von Cornwall und Rothesay, Camilla Mountbatten-Windsor, Gattin des britischen Thronfolgers Charles.

Mittagessen eine Pause, Kremer bewohnt eine 18-m²-Kabine mit Meerblick. Man könnte meinen, dass der viel beschäftigte Küchendirektor am Ende eines Arbeitstages auf dem Luxusliner genügend Kilometer zurückgelegt hat, aber Klaus Kremer bleibt auch in seiner wenigen Freizeit noch in Bewegung. Am besten abschalten kann er beim Joggen an Deck oder wenn er mit Kollegen im Golfsimulator verschiedene Plätze spielt.

Anregungen für neue Speisen und Menüs holt sich Kremer bei Restaurantbesuchen während des Landgangs und im Urlaub. Dann besucht er mit Vorliebe unterschiedliche Gourmettempel sowie andere hochklassige Restaurants und tauscht sich viel mit Kollegen aus, Spitzenkoch Johann Lafer war ebenso schon zu einer Reise an Bord wie Tim Mälzer. Kremer wird auch gerne als Gastkoch verpflichtet, unter anderem im Hamburger Nobelhotel Louis C. Jacob, außerdem gibt er auch Kurse, bei denen zum Beispiel die Speisen des Jungfernfahrtmenüs der QUEEN MARY 2 nachgekocht werden.

Daheim in Nippes steigt Klaus Kremer fast jeden Tag aufs Fahrrad, geht viel spazieren und joggen. Entspannung ist ihm im Urlaub am wichtigsten, manchmal genießt er es, ganze Tage in einem Café am Neumarkt zu sitzen. Nach ein paar Wochen im geliebten Köln packt ihn aber schon wieder das Fernweh: »Ich bin jedes Mal froh, nach Hause zu kommen, aber ich freue mich jedes Mal genauso, wenn ich wieder zurück auf ›mein‹ Schiff kann. An Land fühle ich mich noch zu beengt, um dauerhaft sesshaft zu werden.«

Wie der Fisch auf das Schiff kommt

Die Versorgung von Gästen und Mannschaft an Bord eines Kreuzfahrtschiffes erfordert präzise Planung und eine bis ins Detail lückenlose Vorbereitung. Falls in einem großen Hotel an Land der Salat ausgeht, greift der Lagermeister zum Telefon und bestellt die nötige Menge bei seinem Gemüsehändler, der innerhalb von Stunden liefert. Auf See, gerade bei einer sechstägigen Atlantikreise, kann man nicht einfach in den nächsten Supermarkt – was so banal klingt, ist eine extreme logistische Herausforderung.

Ob französisch, italienisch, englisch oder asiatisch – in den acht Restaurants der QUEEN MARY 2 gilt jeweils eine eigene Speisekarte. Die vielfältigen kulinarischen Alternativen setzen ein perfektes Beschaffungs- und Lagerungssystem für die Lebensmittel voraus. Allein die Bestellung, Lieferung, Verladung und Ausgabe plant und organisiert ein 13-köpfiges Team. In den Katakomben des Schiffes lagern in 32 Kühl- und Lagerräumen, die sich auf den Decks 1, A und B befinden, auf mehr als 1.000 Quadratmeter Fläche rund 8.000 verschiedene Artikel. Täglich wird der Bestand akribisch kontrolliert. Jeder Artikel, der aus Lager oder Kühlraum entnommen wird, wird im bordeigenen Computersystem ausgebucht und erscheint auf dem Bildschirm des Lagermeisters als ausgegeben.

Acht bis zwölf Wochen bevor die eigentliche Kreuzfahrt beginnt, setzen sich Food & Beverage-Manager, Proviantmeister und Küchenchef zusammen und schauen, wie lange diese Reise dauern wird, welche Häfen angelaufen werden und mit wie vielen Passagieren aus welchen Nationen zu rechnen ist, denn der Küchenchef stellt seine Menüs nach den Vorlieben der einzelnen Nationen zusammen. Aufgrund dieser Informationen wird dann die Bestellung ausgearbeitet und alles organisiert, was vom Schiff per Satellit geordert wird. Auf Atlantikrouten werden Lieferungen entweder in Southampton oder New York an Bord genommen, in den USA rund 160 Tonnen Lebensmittel, in England 40 Tonnen. Im Durchschnitt werden 18–20 Tonnen Lebensmittel pro Tag verbraucht, dazu kommen die Getränke, so werden jeden Tag allein 5.000 Softdrinks konsumiert. Zu Beginn einer Transatlantikreise sind Lebensmittel im Wert von zwei Millionen Euro an Bord. Wichtig ist vor allem, dass man genug Reserven an Bord hat, um für Notfälle und Überraschungen gewappnet zu sein.

Neben Grundnahrungsmitteln spielt bei der Zusammenstellung der Vorräte auch die jeweilige Reiseroute eine Rolle, den Passagieren sollen auch landestypische Gerichte geboten werden. Da die Fahrtrouten bereits ein Jahr vorher feststehen, können unverderbliche Waren und Tiefgekühltes mit Container in die jeweiligen Häfen geliefert werden. Aber die Verantwortlichen müssen auch schnell und flexibel reagieren: Wird die Fahrtroute wegen schweren Wetters oder politischer Ereignisse geändert während die Queens auf See sind, müssen auch bereits verschickte Container umgeleitet werden. Außerdem sind weltweit unterschiedliche Einfuhrbestimmungen zu beachten, in einige Länder dürfen überhaupt keine Lebensmittel eingeführt werden, in andere nur bestimmte Waren. Und auch auf Sonderwünsche nehmen die Planer Rücksicht, so bestellt der Florist an Bord für den Valentinstag rund 10.000 rote Rosen.

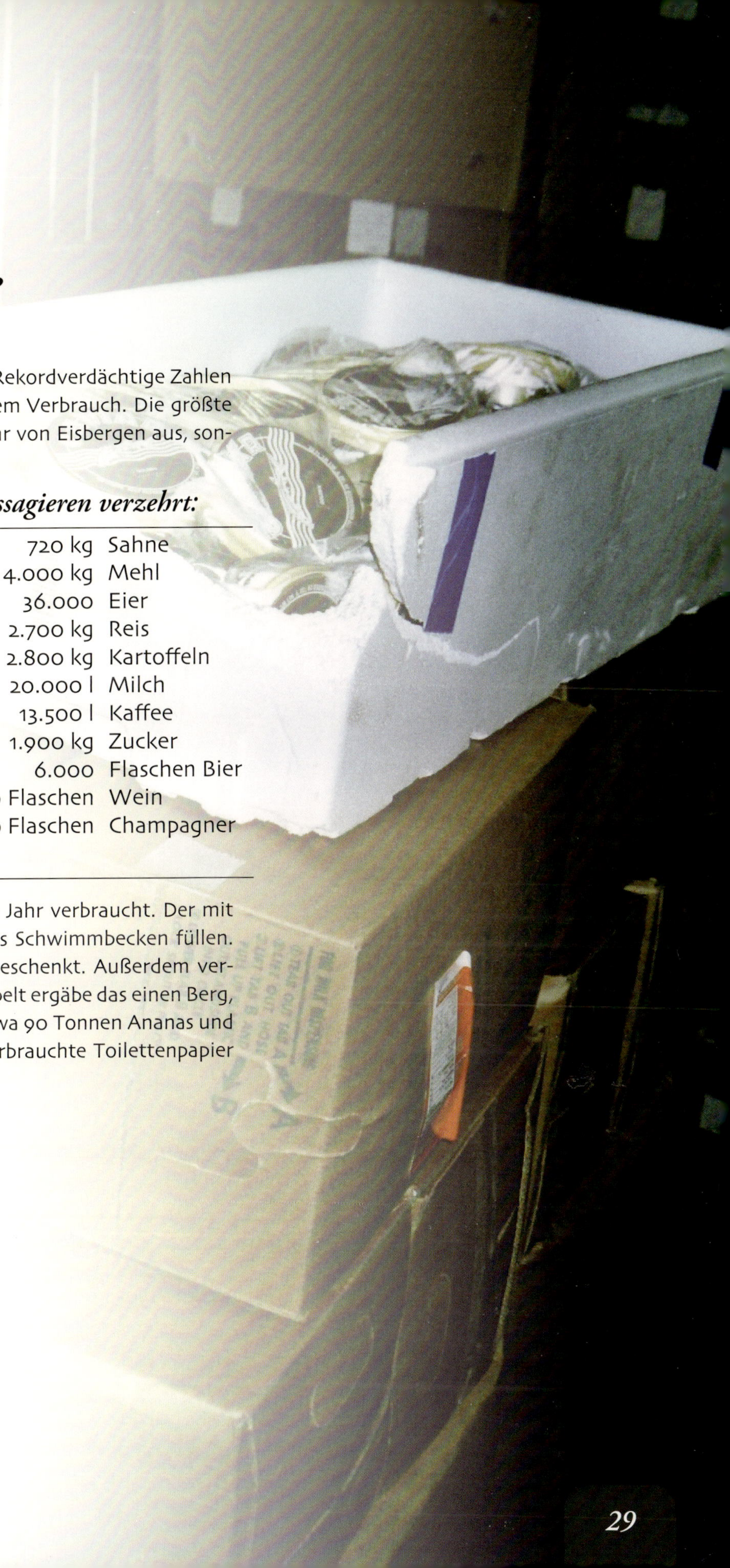

Ein Schwimmbecken voller Tee

Nicht nur die Ausmaße der QUEEN MARY 2 sind beeindruckend. Rekordverdächtige Zahlen liefern auch die Küchen der Restaurants sowie die Bars mit ihrem Verbrauch. Die größte Gefahr für Passagiere der Atlantikpassage geht heute nicht mehr von Eisbergen aus, sondern von Eisbomben.

Auf einer 6-tägigen Atlantikreise werden von den Passagieren verzehrt:

15.200 kg	Gemüse	720 kg	Sahne
11.000 kg	Früchte	4.000 kg	Mehl
9.800 kg	Rindfleisch	36.000	Eier
6.500 kg	Schweinefleisch	2.700 kg	Reis
500 kg	geräucherter Schinken	2.800 kg	Kartoffeln
2.800 kg	Geflügel	20.000 l	Milch
2.400 kg	Fisch	13.500 l	Kaffee
1.400 kg	Meeresfrüchte, Krabben, Muscheln	1.900 kg	Zucker
20 kg	Kaviar	6.000	Flaschen Bier
1.800 kg	Käse	3.700 Flaschen	Wein
1.400 kg	Joghurt, Quark und Milchprodukte	2.500 Flaschen	Champagner
1.800 kg	Speiseeis		

420.000 Packungen Müsli und 1.575.000 Liter Saft werden pro Jahr verbraucht. Der mit 135.000 Teebeuteln zubereitete Tee würde ein 50 Meter langes Schwimmbecken füllen. 1,5 Millionen Longdrinks, Schnäpse und Cocktails werden ausgeschenkt. Außerdem verwendet die schiffseigene Bäckerei fast 8.000 Mehlsäcke – gestapelt ergäbe das einen Berg, der fünfmal höher als der Eiffelturm ist. Die Passagiere essen etwa 90 Tonnen Ananas und greifen zu 540.000 Zahnstochern. Und zu guter Letzt: Das verbrauchte Toilettenpapier könnte die Erde rund fünfmal umwickeln.

Warme Artischockenherzen mit Schinken in Rosa-Pfeffer-Tomaten-Vinaigrette

4 Portionen

Die Artischocke wurde 2003 zur Arzneipflanze des Jahres gewählt. Die Pflanze enthält den Bitterstoff Cynarin, der die Magenschleimhaut beruhigt, die Leber entgiftet und die Gallenblase schützt. Die enthaltene Stärke Inulin wird beim Kochen in Fruchtzucker umgewandelt, was sie diabetikertauglich macht und außerdem hilft, den Cholesterinpegel zu senken.

Für die Vinaigrette

2 Tomaten
1½ EL Rotweinessig
60 ml Olivenöl
1 Knoblauchzehe
1 EL rosa Pfeffer
1 TL Honig
1 TL Dijon-Senf
Salz

Für die Artischocken

300 g Artischockenherzen (Dose)
1 rote Zwiebel
2 EL frische gehackt Petersilie
etwas Butter

Für den Rohschinken

200 g Rohschinken (Schwarzwälder)
100 g Rucolasalat

Zubereitung

1 Den Schinken hauchdünn aufschneiden, am besten beim Kauf bereits vom Metzger aufschneiden lassen. Rucola gründlich waschen und gut abtropfen lassen.

2 Petersilie hacken, Artischocken halbieren und die Zwiebel schälen und feinhacken. In etwas Butter die Zwiebel glasig dünsten, Artischocken hinzugeben und weiter leicht rösten. Die Pfanne vom Ofen nehmen und etwa 2 Minuten warten, dann mit der Vinaigrette übergießen und mit Petersilie bestreuen.

3 Die Tomaten mit kochendem Wasser überbrühen, in Eiswasser abschrecken und die Haut abziehen. Dann halbieren, entkernen und in Würfel schneiden. Knoblauchzehe feinhacken, dann Rotweinessig, Knoblauch, rosa Pfeffer, Honig und Senf mit einem Stabmixer unter Zugabe des Öls zu einer Vinaigrette verquirlen. Tomaten zugeben und mit etwas Salz würzen.

Anrichten und Garnieren

Den Schinken halbkreisförmig auf dem Teller anrichten, sodass die Mitte frei bleibt. Dort zuerst den Rucola hineingeben und anschließend den noch warmen Artischockensalat darauf anrichten.

Angemachtes Beef Tatar an Gurkenfächer mit Meerrettichschaum und Sakurakressesalat

4 Portionen

Der Name spielt auf die Tataren an, denen nachgesagt wurde, sie hätten rohe Fleischstücke unter ihren Sätteln mürbe geritten und anschließend verzehrt. Das frische Rindfleisch muss sehr fein gehackt werden, wer sich das nicht zutraut, lässt am besten bereits den Metzger hacken. In Deutschland wurde das Gericht erstmals schriftlich in dem 1851 erschienenen Werk »Gastrosophie oder die Lehre von den Freuden der Tafel« von Baron von Vaerst erwähnt. Diese Rezept- und Anekdotensammlung beschreibt drei Arten von Feinschmeckern: den Gourmet, einen Feinschmecker und sachkundigen Genießer raffinierter Speisen und Getränke, den Gourmand, der sich vom Gourmet durch fehlende Mäßigung unterscheidet und somit als »Vielfraß« gilt, sowie den Gastrosophen, der beim Essen das Beste auswählt unter Berücksichtigung der gesundheitlichen Aspekte.

Für das Tatar

350 g Rindfleisch von der Lende
2 Essiggurken
2 Schalotten
1 TL Dijonsenf
2 TL Ketchup
1 Spritzer Worcestershiresauce
1 TL Petersilie
2 Eierdotter
Salz, Pfeffer
etwas Cognac

Für den Meerrettich und den Salat

50 g Meerrettich aus dem Glas
1 kleinen Meerrettich
100 ml Sahne
½ Salatgurke
50 g Sakurakresse
etwas Balsamico
etwas Rapsöl
etwas Zitronensaft
Schnittlauch
Salz, Pfeffer

Zubereitung

1 Essiggurken, Schalotten und Petersilie hacken. Danach das gut zugeputzte Rinderfilet mit einem scharfen Messer ganz feinhacken. Das Fleisch und sämtliche Zutaten außer den Eidottern mit einer Gabel kneten, gut vermengen und pikant abschmecken.

Tipp: Um eine schöne rote Farbe des Tatar zu garantieren, das Gericht unmittelbar vor dem Servieren herstellen, sonst verfärbt es sich dunkel. Dazu getoastetes Brot oder auch Schwarzbrot mit Butter servieren.

2 Den frischen Meerrettich reiben und mit etwas Zitronensaft beträufeln, die Sahne schlagen und den geriebenen sowie den Meerrettich aus dem Glas vermengen und würzen. Die Gurke schälen, der Länge nach halbieren und mithilfe einer Reibe in dünne Scheiben schneiden. Kresse mit Balsamico und Öl marinieren.

Anrichten und Garnieren

Mithilfe einer Form das Fleisch in 4 gleich große Törtchen bringen und in die Mitte des Tellers geben. Wer keine Backringe besitzt, kann auch mithilfe einer großen Tasse ausstechen und die Törtchen mit der Hand formen, Tassenrand dabei am besten mit Wasser benetzen. Schnittlauch in etwa 3 Zentimeter große Stücke schneiden, die Gurkenscheiben über beide Enden falten und in Fächerform um das Tatar legen. Ein paar Tupfer Meerrettich auf dem Teller verteilen, Eigelb auf das Tatar geben und mit Olivenöl, Kresse und Schnittlauch verzieren.

Blackened Tuna (geschwärzte Thunfischblätter) mit Papaya-Salsa und Wasabi

4 Portionen

Für den Thunfisch

1 Stück Thunfisch (frisch und von bester Qualität, 6 x 10 cm)
½ TL Paprika
¼ TL Cayennepfeffer
¼ TL Kreuzkümmel (ganz)
¼ TL Thymian
1 kleine Tube Wasabi
etwas Sonnenblumenöl und Mayonnaise
Salz, Pfeffer

Für die Papaya-Salsa

1 Tomate
1 Papaya
2 EL rote Zwiebel
1 EL frischer Koriander
1 EL Zitronensaft
100 g junge Blattsalate
50 g Enokipilze (Samtfußrüblinge)

Für das Dressing

1 halbe Zehe frischer Knoblauch
1 TL frischer Ingwer
80 ml Sonnenblumenöl
80 g Honig
2 EL Sojasauce
50 ml Reisessig
1 TL Salz
1 Prise Cayennepfeffer
etwas Wasser

Zubereitung

1 Gewürze mischen, das Stück Thunfisch damit einreiben und am besten in einer hoch erhitzten Gusseisenpfanne von allen Seiten kurz anbraten. In Frischhaltefolie gewickelt im Kühlfach ca. 1 Stunde anfrieren lassen, damit sich der Fisch besser schneiden lässt

2 Papaya, Tomate, 1 Esslöffel Zwiebel, entkernte Peperoni, Knoblauch, Kreuzkümmel und Koriander in einen Mixer geben und pürieren. Dann mit Salz und Pfeffer abschmecken.

3 Die Tomate und die Papaya in Würfel schneiden, die Zwiebel und den Koriander feinhacken. Alles mit dem Püree vermengen und mit Zitronensaft verfeinern. Kaltstellen.

4 Ingwer und Knoblauch hacken, beides in der Pfanne mit etwas Öl leicht anrösten. Dann alle Zutaten bis auf das Öl in ein Gefäß geben und mit einem Pürierstab mixen. Dabei langsam das Öl hinzugeben.

Anrichten und Garnieren

Die Wasabipaste mit etwas Sonnenblumenöl und Mayonnaise zu einer geschmeidigen Sauce vermengen und in Zick-zack-Form auf den Tellerboden geben. Den Thunfisch mit einem scharfen Messer oder einer Aufschnittmaschine hauchdünn aufschneiden. Kreisförmig auf einen Teller legen und einen Teil des Dressings mit einem Pinsel auf die Scheiben auftragen. Vor dem Servieren die Salsa und die Enokipilze im restlichen Dressing marinieren und in der Mitte des Tellers anrichten.

Gebratene Gänseleber an Apfelrisotto mit Beeren

4 Portionen

Gänseleber sollte man nicht ganz durchbraten, damit sie nicht trocken wird, sondern den Kern möglichst noch zartrosa lassen. Erst nach dem Braten salzen, damit sie nicht zäh wird. Gänseleber enthält ca. 20 % Eiweiß und ca. 9 % Eisen. Mit den Vitaminen A, C, E sowie Folsäure und den Mineralstoffen Magnesium, Zink, Natrium und Kalium liefert sie viele gesunde Nährstoffe. Frankreich, wo das Gericht zu den beliebtesten zählt, muss das Gros seines Bedarfes mittlerweile importieren. Die meisten Gänselebern kommen inzwischen aus Ungarn.

Für den Portweinjus

100 ml Kalbsfond aus dem Glas
30 ml Portwein
25 g Butter
2 Thymianzweige
Salz, Pfeffer

Für die Beeren und den Salat

Je 50 g Beeren
(Erdbeeren, Brombeeren, Himbeeren, Blaubeeren)
etwas Gartengrün zum Garnieren

Für das Risotto

250 g Risottoreis
2 Schalotten
1 Apfel
60 ml ungesüßter Apfelsaft
300 ml Geflügelfond
100 ml Weißwein
60 ml Prosecco
50 g Butter
50 g frisch geriebener Parmesan
etwas Olivenöl
Salz, Pfeffer
Muskatnuss

Für die Gänseleber

4 Scheiben Gänseleber à 60 – 70 g
etwas Butter
Salz, Pfeffer

Zubereitung

1 Gänseleber in wenig Butter auf beiden Seiten kurz anbraten und mit Salz und Pfeffer würzen.

2 Die Schalotten in feine Würfel schneiden und in Olivenöl anschwitzen. Den Reis hinzugeben, glasig andünsten und mit Apfelsaft, Weißwein sowie Prosecco ablöschen. Unter ständigem Rühren nun den erhitzten Gemüsefond nach und nach zugießen und das Risotto schön cremig dünsten. Den Apfel schälen, entkernen und in sehr feine Würfel schneiden. Nach etwa 12 Minuten Kochzeit die Apfelwürfel zugeben. Abschließend die Butter und den Parmesan einrühren. Mit Salz, Pfeffer und etwas Muskatnuss abschmecken.

3 Beeren kurz waschen, frische Erdbeeren vom Grün befreien. Salat gründlich waschen, abtropfen lassen, für die Garnitur beiseitelegen.

4 Den Fond mit den Thymianzweigen in einen Topf geben und auf die Hälfte reduzieren lassen, dann die Thymianzweige herausnehmen, den Portwein und die Butter mithilfe eines Stabmixers unterrühren. Mit Salz und Pfeffer würzen und durch ein Sieb geben.

Anrichten und Garnieren

Das Risotto auf einen Teller geben, die Beeren anlegen und seitlich die gebratene Leber an das Risotto setzen. Mit dem Salatbouquet garnieren, einen kleinen Tropfen Portweinjus auf den Teller geben und mit dem Löffel durchziehen.

Roulade vom geräucherten Heilbutt an Kartoffel-Hash mit Rote-Bete-Teppich und Zitronen-Koriander-Dressing

4 Portionen

Der Heilbutt (Hippoglossus hippoglossus) wird bis zu drei Meter groß, kann ein Gewicht von 400 Kilogramm erreichen und 50 Jahre alt werden. Der Plattfisch gehört zur Familie der Schollen und hat beide Augen auf der rechten Kopfseite. Er gehört zu den Edelfischen, das Fleisch ist weiß und zart, es eignet sich vorzüglich zum Dämpfen und Dünsten. Der deutsche Name geht wohl auf das wohlschmeckende Fleisch zurück, im 18. Jahrhundert galt der Fisch als der »Heilige Butt«, der Wortstamm aus jener Zeit ist erhalten geblieben.

Für den Kartoffel-Hash

½ kg mittelgroße, festkochende Kartoffeln
1 rote Zwiebel
1 EL frischer Dill
1 Gewürzgurke
2 EL Weißweinessig
4 EL Mayonnaise
100 g Feldsalat
2 Rote Bete
Salz, grob gemahlener Pfeffer

Für das Dressing

3 ungespritzte Zitronen
1 EL Dijonsenf
200 ml Rapsöl
1 EL frischer gehackter Koriander
2 Eier
etwas Honig
geriebene Schale der Zitronen

Für die Heilbutt-Roulade

300 g Heilbutt (geräuchert, dünn geschnitten)
2 EL feingehackte Schnittlauch
125 ml Sauerrahm (Schmand)
125 g Weizenmehl
25 g Butter
100 ml Milch
125 ml Wasser
1 Ei
etwas Zitronensaft
Salz, Pfeffer

Zubereitung

1 Butter erwärmen, bis sie flüssig ist. In der Zwischenzeit Mehl, Salz, Eier und Milch verrühren, nach und nach Wasser und zerlassene Butter zufügen. Die Masse kühl eine ½ Stunde quellen lassen. Dann den Teig mit einem Saucenlöffel in eine heiße, leicht gefettete Pfanne gießen. Durch Schwenken auf dem Boden der Pfanne verteilen und auf beiden Seiten goldbraun backen. Den Vorgang so oft wiederholen, bis der Teig aufgebraucht ist.

2 Den Sauerrahm mit Schnittlauch, Salz, Pfeffer und Zitronensaft abschmecken und kaltstellen.

3 Frischhaltefolie auf dem Tisch ausbreiten, dann die Crêpes auslegen und mit dem Sauerrahm dünn einstreichen. Den geräucherten Heilbutt darauflegen, nun die Folie an der einen Seite nehmen und zur anderen Seite ziehen, sodass eine Rolle entsteht. Dann die Folie an den Enden zusammendrehen, sodass ein Bonbon entsteht. Vor dem Schneiden einige Stunden kaltstellen.

4 Eier hart kochen und anschließend kleinhacken, dann Koriander hacken. 6 Esslöffel Zitronensaft, etwas Zitronenschale, Senf, Honig, Koriander, Salz und Pfeffer mit einem Mixer verquirlen. Anschließend das Öl unter Rühren langsam zugeben, bis das Dressing eine cremige Konsistenz annimmt. Zum Schluss die Eier untergeben.

5 Kartoffeln mit der Schale in Salzwasser kochen, leicht abkühlen lassen und noch warm pellen. Die Kartoffeln ganz abkühlen lassen und in kleine Würfel schneiden. Die rote Zwiebel, Gewürzgurke und den Dill feinhacken und in die Mayonnaise geben. Dann den Weinessig dazugeben und mit Salz und Pfeffer abschmecken. Die Rote Bete in etwas Salzwasser weichkochen, kaltstellen und in hauchdünne Scheiben schneiden. Den Feldsalat putzen und waschen.

Anrichten und Garnieren

Die gekühlte Roulade in ca. 1½ Zentimeter dicke Scheiben schneiden, die Rote Bete kreisförmig auf den Teller geben und mithilfe eines Ringes 2 Esslöffel des Kartoffel-Hash daraufgeben. 2 Scheiben der Roulade auf das Hash geben, den Vogelsalat kurz durch das Dressing ziehen und oben darauflegen. Vor dem Servieren den anderen Teil des Dressings rundum träufeln.

Hühnchenleberparfait mit Madeira-Aspik

4 Portionen

Hühnchenleberparfait

340 g Hühnchenleber
14 g Butter
1 Ei
15 ml Portwein
12 ml Brandy
2 g Pökelsalz
Salz, Pfeffer

Madeira-Aspik

100 ml Hühnerbrühe
2 Blatt Gelatine
25 ml Madeira

Zum Anrichten und Garnieren

4 Erdbeeren
4 Himbeeren
4 Brombeeren
4 Stück Brioche oder helles Brot/Brötchen
etwas Crème fraîche

Zubereitung

1 Hühnchenleber säubern und von überflüssigem Fett befreien, dann die Butter schmelzen. Leber mit einer Küchenmaschine bei schnellster Einstellung feinpürieren. Geschwindigkeit etwas herabsetzen, Butter, Ei und Pökelsalz hinzugeben. Zuletzt Portwein und Brandy sowie Salz und Pfeffer beifügen.

2 Eine Form mit Folie auslegen, die Masse hineingeben und im Wasserbad bei 80 °C ca. 60 Minuten im Ofen backen. Zum Abkühlen in den Kühlschrank stellen.

3 Brühe aufkochen. Gelatine in wenig kaltem Wasser einweichen, ausdrücken und direkt in die noch warme Brühe geben. Madeira zufügen, in eine entsprechend große Schüssel umfüllen und im Kühlschrank steif werden lassen.

Anrichten und Garnieren

Zwei dünne Streifen Crème fraîche auf den Teller geben, eine Scheibe Hühnchenleber aufrecht auf den Teller setzen. Das Madeira-Aspik kleinwürfeln oder rund ausstechen und beigeben, mit frischen Beeren garnieren und dazu die leicht erwärmte Brioche reichen.

Käsetörtchen an Guacamole mit Riesengarnelen

4 Portionen

Die Guacamole ist ein Püree aus der Avocadofrucht. Die Avocado wurde von den Indianern Mittelamerikas kultiviert, die Azteken nannten sie »Ahuacatl«. Das Wort Guacamole stammt vom aztekischen »Ahuacamolli«, was mit »Avocadosauce« übersetzt werden kann. Die Beigabe von Zitronensaft ist neben der Geschmackswirkung vor allem aus optischen Gründen wichtig. Die Ascorbinsäure verhindert die Oxidation, die wie bei einem angebissenen Apfel ansonsten eine unerwünschte Braunfärbung hervorrufen würde. Reif ist die Avocado dann, wenn sie weich wird und ihre Schale sich dunkel zu verfärben beginnt.

Für die Käsemasse

200 g Frischkäse
50 g Sauerrahm
1 TL Pflanzenöl
1 Knoblauchzehe
3 Blätter Gelatine
1 kg rohe Riesengarnelen
Salz, Pfeffer
etwas Olivenöl

Für den Boden

200 g Schwarzbrot
1 Packung Tortilla-Chips
75 g Butter

Für die Guacamole

2 reife Avocados
1 Zitrone
1 rote Zwiebel
¼ Bund Koriander
Tabasco
Salz, Pfeffer

Zubereitung

1 Butter schmelzen, dann Schwarzbrot, Tortilla-Chips und geschmolzene Butter pürieren. Die Masse in kleine runde (Back-)Ringe geben und glattstreichen.

2 Knoblauch feinhacken und die Gelatine in etwas kaltem Wasser einweichen. Dann Frischkäse, Sauerrahm, Öl und gehackten Knoblauch gut vermischen. Gelatine bei schwacher Hitze in einer Pfanne schmelzen lassen, unter die Käsemasse rühren und mit Salz und Pfeffer würzen. Die Masse auf den Schwarzbrot-Tortilla-Boden streichen und mindestens 3 Stunden kaltstellen.

3 Die Riesengarnelen in dem Olivenöl leicht anbraten, mit Zitronensaft beträufeln und kaltstellen.

4 Avocados mit der Gabel zerdrücken, mit Zitronensaft beträufeln. Zwiebel in feine Würfel schneiden, Koriander feinhacken, beide Zutaten zum Avocadomus geben und vermischen. Mit etwas Tabasco schärfen und mit Salz und Pfeffer abschmecken.

Anrichten und Garnieren

Das Törtchen auf den Teller setzen, die Guacamole mithilfe von Löffeln zu kleinen Klößen oder Nocken formen, daneben geben und mit dem Löffel eine »Nase« ziehen, die Riesengarnelen auf das Törtchen legen. Dazu vor dem Servieren rundum etwas Tabasco träufeln und mit frischem Dill garnieren.

Ceviche von der Lachsforelle in Pfeffermarinade

4 Portionen

Dieses leckere Gericht aus rohem Fisch ist in Latein- und Südamerika sehr verbreitet, ursprünglich stammt es aus Peru. Das original peruanische Rezept verwendet ausschließlich Fische mit weißem Fleisch, man kann es aber auch gut mit anderen Fischen verwenden. Allerdings ist dabei zu beachten, dass das Marinieren je nach Art des Fisches unterschiedlich lange dauert, eine Forelle benötigt etwa eine Stunde, ein Seehecht dagegen schon doppelt so lange. Denn chemisch gesehen kommt es durch die Säure im Zitronensaft zu einer Denaturierung des Eiweißes ähnlich wie durch die Hitze beim Kochen. Weil es trotzdem leicht verderblich ist, sollte ein Ceviche immer frisch gemacht und auch nicht aufbewahrt werden.

Für die Pfeffermarinade

80 ml Olivenöl
40 ml Balsamico
2 EL Dill
1 Zitrone (Saft)
1 EL rosa Pfeffer
½ TL weißer Pfeffer
Salz, etwas Puderzucker

Für das Lachsforellenfilet

400 g frisches Lachsforellenfilet

Für die Garnitur

100 g Kresse
1 Bund Kerbel
1 rote Zwiebel
1 EL Balsamico
2–3 EL Olivenöl
etwas Zucker
Salz, Pfeffer
etwas Gartengrün
Kapern und Kirschtomaten

Zubereitung

1 Das Lachsforellenfilet mit einer Küchenpinzette sorgfältig entgräten, dabei mit der Fingerkuppe zart über das Fischfilet streichen, um auch die letzten kleinen Gräten aufzuspüren. Das Forellenfilet in hauchdünne Scheiben schneiden.

2 Zitrone auspressen, Dill und rosa Pfeffer feinhacken. Aus Honig, Olivenöl, Balsamico, Zitronensaft, Puderzucker und Salz eine Marinade anrühren. Weißen Pfeffer mahlen und mit gehacktem rosa Pfeffer sowie den Dill mit der Marinade verrühren und abschmecken. Die Marinade in eine flache Schüssel geben, die hauchdünn geschnittenen Forellenscheiben vorsichtig hineinlegen und ca. 1 Stunde im Kühlschrank ziehen lassen.

3 Den Balsamico mit Olivenöl, einer Prise Zucker, Salz und Pfeffer verquirlen. Kerbel waschen und trocknen. Die Zwiebel schälen und in dünne Ringe schneiden.

Anrichten und Garnieren

Die marinierten Scheiben auf den Teller geben und zusätzlich mit ein wenig Marinade beträufeln. Kerbel und Kresse mischen und durch das Balsamico-Dressing ziehen. Eine ½ Kirschtomate und das Gartengrün mittig auf die Forelle geben, die Zwiebelringe über den Teller verteilen und mit Kapern verzieren.

Terrine vom norwegischen Lachs

4 Portionen

Lachsmousse

Insgesamt:
180 g frischer Lachs
davon:
60 g fein gewürfelter frischer Lachs
60 g kurz angebratener frischer Lachs
60 g frischer Lachs im Stück
60 g geräucherter Lachs
120 g weiche Butter
150 ml Sahne
1 EL frischer gehackter Dill
1 EL Weißwein
1 EL Pernod
1 EL Noilly Prat
Salz, Pfeffer
etwas Öl

Crème fraîche, Salat und Dressing

2 EL Crème fraîche
1 Messerspitze Petersilie
20 ml Essig
½ TL Senf
½ TL Honig
40 ml Öl
100 g Mesclunsalat
1 kleines Bund Dill
1 Gurke
etwas Zitronensaft
1 französisches Baguette
Salz, Pfeffer

Zubereitung

1 Den frischen Lachs in 3 etwa gleich große Teile zu je 60 Gramm schneiden (oder dies bereits den Fischhändler machen lassen). Einen Teil kurz in Öl anbraten, einen Teil in feine Würfel schneiden. Das letzte Stück vom rohen und den geräucherten Lachs in einen Mixer geben und sehr feinpürieren, anschließend den angebratenen Lachs in kleine Stücke zupfen und zusammen mit dem gewürfelten rohen Lachs unter das Püree geben. Nun die Sahne steif und die Butter schaumig schlagen. Zuerst die Butter und anschließend die Sahne unter den Lachs heben. Darauf achten, dass bei der gesamten Herstellung alle Zutaten bis auf die Butter zur Zubereitung aus dem Kühlschrank kommen müssen. Zur Vollendung den Alkohol, Dill, Salz und Pfeffer hinzugeben und die Masse in eine etwa 20 Zentimeter lange, mit Folie ausgelegte halbrunde Form geben. Im Kühlschrank für 4–6 Stunden setzen lassen.

Tipp: Die mit der Lachsmasse gefüllte Form zweimal vorsichtig auf den Tisch klopfen (mit einem Küchenhandtuch polstern), damit sich die beim Einfüllen entstandenen Luftlöcher schließen.

2 Petersilie feinhacken, dann die Crème fraîche mit etwas Zitronensaft und der feingehackten Petersilie vermischen, mit Salz und Pfeffer würzen. Mesclunsalat waschen und gut abtropfen lassen. Den Essig, Senf, Honig, Öl, Salz und Pfeffer in ein Verschlussglas geben und kräftig schütteln, bis sich alles gut verbunden hat.

Anrichten und Garnieren

Einen Kranz von hauchdünn geschnittenen Gurkenscheiben legen und die etwa 2 1/2 Zentimeter dick geschnittene Lachsterrine daraufsetzen, die Crème fraîche in 2 schmalen Streifen von links nach rechts über den Teller ziehen. Das Baguette 3 Zentimeter dick schneiden, aushöhlen und mit den bunten Salaten füllen, anschließend mit ein wenig Vinaigrette beträufeln und vor dem Servieren mit einer aufgeschnittenen Tomate und frischem Dill garnieren.

Matjesfilet in Apfel-Schalotten-Schaum auf Rote-Bete-Teppich

4 Portionen

Der Matjes ist ein Salzhering, der durch Enzyme in Salzlake reift und dadurch besonders mild schmeckt. Der Herstellungsprozess wurde bereits im Mittelalter in den Niederlanden entwickelt. Dabei werden Heringe verwendet, die Ende Mai bis Anfang Juni gefangen werden, bevor ihre Fortpflanzungszeit beginnt, denn dann haben die Heringe einen hohen Fettgehalt von mehr als 15 Prozent. Nach dem Ausnehmen werden die Heringe für fünf Tage in einer Salzlake in Eichenfässern eingelegt, dabei fermentieren Enzyme der belassenen Bauchspeicheldrüse das Matjesfleisch und machen das Fischeiweiß noch leichter verdaulich. Der niederländische Matjes ist weit milder im Geschmack als der deutsche, denn der Salzgehalt der Lake ist deutlich niedriger. Die Bezeichnung »Matjes« stammt von dem niederländischen »Maagdenharing« ab, was frei übersetzt Jungfrauenhering heißt und sich auf die geschlechtliche Unreife der Fische bezieht. Zu Saisonbeginn werden entlang der Nordseeküste zahlreiche Matjesfeste gefeiert, das bekannteste wohl in Glückstadt/Schleswig-Holstein, wo die »Glückstädter Matjeswochen« traditionell vom Ministerpräsidenten des Landes eröffnet werden.

Matjesfilet

6 Matjesfilets, küchenfertig (beste Zeit Juni)
1 Essiggurke
½ TL frischer Dill
2 Schalotten
1 TL weißer Balsamico
1 EL Mayonnaise
3 EL Crème fraîche
1 Messerspitze scharfer Senf
1 Apfel
1 große gekochte Kartoffel
2 frische Rote Bete
100 ml Sahne
100 g Mesclunsalat
Saft einer ½ Zitrone
Salz, Pfeffer, Zucker
Pumpernickelscheiben

Zubereitung

1 Schalotten schälen, längs vierteln und in 1 Millimeter dicke Scheiben schneiden. Diese in kochendem Wasser mit 1 Spritzer weißem Balsamico und Salz etwa 15 Sekunden blanchieren. In Eiswasser abkühlen, abschütten und gut ausdrücken. Mayonnaise, Crème fraîche, gehackten Dill und Senf in einer kleinen Schüssel verrühren und mit Salz, Zucker, Pfeffer und Zitronensaft fein abschmecken. Essiggurke, Apfel und Kartoffel gewürfelt hinzugeben und für mindestens 1 Stunde kühlstellen.

2 Sahne schlagen. Die Matjesfilets in etwa 2 Zentimeter große Stücke schneiden und zusammen mit der geschlagenen Sahne unterheben.

3 Die Rote Bete kochen und anschließend schälen. 4 Stücke für die Dekoration aufbewahren. Mithilfe einer Reibe in hauchdünne Scheiben schneiden und aus dem Pumpernickel runde Taler ausstechen (sind im Handel auch fertig erhältlich).

Tipp: Die frische Rote Bete nicht zu weich kochen, da sie sonst nicht mehr hauchdünn aufgeschnitten werden kann. Vorsicht! Rote Bete färbt stark ab, Arbeitshandschuhe und eine Schürze empfehlen sich.

Anrichten und Garnieren

Die Rote-Bete-Scheiben fächerförmig in die Mitte eines Tellers legen, das Matjestatar darauf verteilen und mit dem gewaschenen Salat garnieren. Daneben 1 Stück Matjes platzieren und mit Zwiebeln garnieren. Den Teller mit Balsamicotropfen verzieren. Dazu die Pumpernickeltaler reichen.

Mozzarella Caprese Legere mit Prosciutto-di-Parma-Chips

4 Portionen

Für die Tomaten und Mozzarella

4 Roma-Tomaten
2 Beutel Mozzarella (à 125 g)
2 EL Olivenöl
2 EL Zitronensaft
Salz, Pfeffer
etwas frisches Basilikum
Crema di Balsamico

Für die Prosciutto-di-Parma-Chips

12 Scheiben Parmaschinken (hauchdünn geschnitten)

Zubereitung

1 Tomaten waschen und Stielansätze entfernen, Mozzarella aus der Packung nehmen und abtropfen lassen, beides in dünne Scheiben schneiden.

2 Den Schinken auf Backpapier legen und bei niedriger bis mittlerer Temperatur im Ofen trocknen lassen bis er hart wird.

Anrichten und Garnieren

Tomaten und Mozzarella abwechselnd schuppenförmig und im Kreis auf den Tellern anrichten. Basilikumblätter dazugeben. Olivenöl und Zitronensaft verrühren, mit Salz würzen. Die Tomaten und den Mozzarella mit der Mischung beträufeln und mit grob gemahlenem Pfeffer bestreuen. Die Schinkenchips als Segel mittig daraufsetzen und Speise und Teller mit ein wenig Balsamicocreme verzieren.

Räucherforelle auf Gemüsesalat an Sauce Ravigote

4 Portionen

Für das Forellenfilet

4 geräucherte Forellenfilets
1 Bund Brunnenkresse
ein paar Zweige frischer Dill für die Garnitur

Für das Paprikaöl

½ rote Paprika
4 EL Olivenöl
Salz

Für den Gemüsesalat

1 Sellerie
1 Karotte
1 Paket Grüne Keniabohnen
2 rote Zwiebeln
1 Dose feine Erbsen
100 ml Mayonnaise
Salz, Pfeffer
etwas Zitronensaft

Für die Sauce Ravigote

9 EL Olivenöl
3 EL Rotweinessig
2 EL Kapern
2 Schalotten
½ Bund glatte Petersilie
½ Bund Kerbel
½ Bund Estragon
Salz, Pfeffer

Zubereitung

1 Die Forellenfilets in der Mitte diagonal teilen. Die Kresse durch Wasser ziehen und trockenschütteln.

2 Die grünen Bohnen kurz in Salzwasser blanchieren und kalt abspülen. Sellerie und Karotte ebenfalls in Salzwasser blanchieren und abspülen. Nun Bohnen, Sellerie, Karotten und Zwiebeln in kleine Würfel schneiden, Erbsen hinzugeben und mit der Mayonnaise sowie dem Zitronensaft mischen und mit Salz und Pfeffer abschmecken.

3 Die Kräuter abwaschen und trockene Blätter entfernen. Durch Ausschlagen trocknen, vom Stängel entfernen und feinschneiden. Die Kapern auf ein Sieb geben, unter Kaltwasser abspülen, abtropfen lassen und mit der Gabel zerdrücken. Schalotten schälen und in grobe Stücke schneiden. Alle Zutaten in eine Schüssel geben und mit einem Mixer etwa 1 Minute durchmixen und 15 Minuten durchziehen lassen

4 Die Paprika entkernen, mit etwas Olivenöl einpinseln und im Ofen bei 180 °C weichgaren. Anschließend mit einem Messer die Haut abziehen, im Mörser zusammen mit Salz feinmörsern, dabei nach und nach das restliche Öl hinzugeben.

Anrichten und Garnieren

Den Gemüsesalat kreisförmig auf den Teller geben, ein halbes Forellenfilet darauflegen, mit etwas von der Sauce Ravigote überziehen und mit der Brunnenkresse garnieren. Vor dem Servieren das Paprikaöl rundum träufeln und mit kleinen Sträuchern vom Dill verzieren.

Rehblätter mit Pfifferlingen an mariniertem Kopfsalat

4 Portionen

Der lateinische Name des Pfifferlings (Cantharellus Cibarius) wurde von dem französischen Arzt Bauhin geprägt, der den bereits im Mittelalter beliebten Speisepilz wegen der Form als »Chanterelle« (auf Deutsch: kleiner Pokal) bezeichnete. Der Zusatz »Cibarius« bedeutet »zum Essen gehörend, essbar«. Wegen seiner Farbe wird der Pfifferling auch als »Gold des Waldes« oder »Eierschwamm« bezeichnet. Er gedeiht in Laub- und Nadelwäldern, in heißen Jahren ist der Pilz bereits im Juni anzutreffen, ansonsten von Juli bis Oktober. Der Pfifferling gilt als »treuer« Pilz, weil er immer am selben Ort nachwächst. Das Fleisch ist fest, riecht fruchtig und schmeckt roh leicht säuerlich.

Für die Pfifferlinge

150 g Pfifferlinge
4 Scheiben Frühstücksspeck
1 Zwiebel
1 EL gehackter Schnittlauch
etwas Butter
Salz, Pfeffer

Für die Rehblätter

Rehrücken (ausgelöst)
Salz, Pfeffer
etwas Senf
etwas Schnittlauch und
Preiselbeermarmelade zum Garnieren

Für den Kopfsalat

1 Kopfsalat
4 Tomaten
2 EL Balsamico
5 EL Traubenkernöl
1 TL Senf
Salz, Pfeffer

Zubereitung

1 Den Rehrücken von allen Seiten anbraten, würzen und mit Senf einreiben.

2 Nun in Plastikfolie einwickeln, an beiden Enden festhalten und über die Arbeitsfläche drehen. So strafft sich das Fleisch und bekommt eine rundere Form. Die Enden umlegen und in Alufolie einwickeln. Bei niedriger Temperatur (ca. 80 °C) ca. 35 Minuten backen. Das Fleisch sollte im Kern noch rosa sein.

3 Pfifferlinge putzen, Zwiebel kleinschneiden, dann erst die Zwiebel in einer Pfanne mit etwas Butter anschwitzen und die Pilze beigeben. Mit Salz und Pfeffer würzen und durchrösten. Den Speck im Ofen kross backen und feinhacken. Mit dem gehackten Schnittlauch dazugeben.

4 Die Tomaten in kochendem Wasser kurz blanchieren, in Eiswasser abschrecken und die Haut abziehen. Danach die Tomaten halbieren, entkernen und in Würfel schneiden. Den Kopfsalat putzen, waschen und trockenschleudern.

5 Den Balsamico, Senf sowie Traubenkernöl zu einem Dressing verquirlen und würzen.

Anrichten und Garnieren

Das Fleisch dünn aufschneiden und sofort fächerförmig auf dem Teller anrichten. Die Pfifferlinge mittig auf dem Teller in Form bringen (am besten mithilfe eines Ringes). Den angemachten Salat daraufgeben und den Ring vorsichtig herausheben. Vor dem Servieren mit ganzem Schnittlauch garnieren, etwas Brombeermarmelade und eine Brombeere an die Seite geben.

Rindercarpaccio in Kräutervinaigrette an Portabello-Ragout

4 Portionen

Diese köstliche Vorspeise soll in einem der berühmtesten Lokale Italiens erfunden worden sein: In Harry's Bar in Venedig kreierte der Legende nach in den achtziger Jahren der Inhaber Signore Cipriani für eine Stammkundin, die auf Anraten ihres Arztes kein gekochtes Fleisch essen sollte, das erste Mal ein Rindercarpaccio. Benannt ist das Gericht nach einem berühmten venezianischen Maler aus dem 15. Jahrhundert, Vittore Carpaccio.

Portabello-Ragout

200 g Portabello-Pilze
100 g Mesclunsalat
20 ml Essig
½ TL Honig
40 ml Walnussöl
Salz, Pfeffer

Carpaccio

300 g Rinderfilet
5 Stiele glatte Petersilie
3 Stiele Estragon
2 Stiele Majoran
5 Stiele Schnittlauch
½ TL Trüffelöl
20 ml weißer Balsamico
½ TL Senf
½ TL Honig
40 ml Olivenöl
40 g Pecorino am Stück für das Anrichten
Salz, Pfeffer aus der Mühle

Zubereitung

1 Das sauber geputzte, von allem Fett befreite Rinderfilet straff in Frischhaltefolie einwickeln und für ca. 1–1½ Stunden in das Gefrierfach geben, damit es sich besser schneiden lässt. Kurz vor dem Rausnehmen des Fleisches die Kräuter feinhacken. Die Folie vom Fleisch entfernen und das Filet (am besten mit einer Aufschnittmaschine, es geht bei ruhiger Hand aber auch ein sehr scharfes Filetmesser) quer hauchdünn aufschneiden. Das Fleisch gleich in Kranzform auf den Teller geben, da es sich sonst verformt. Balsamicoessig, Senf, Honig, Öl, Salz und Pfeffer in ein Verschlussglas geben und kräftig schütteln, bis sich alles gut verbunden hat und die feingehackten Kräuter hinzugeben – die Vinaigrette wird beim Anrichten benötigt.

Tipp: Um das Fleisch hauchdünn aufzuschneiden, empfiehlt es sich, es für einige Stunden in das Kühlfach zu legen.

2 Pilze waschen, gut abtropfen lassen und in Scheiben schneiden, Zwiebeln feinhacken, mit den Pilzen zusammen in einer Pfanne anschwitzen und abkühlen lassen.

3 Essig, Öl und Honig gut mischen und unter die Pilze geben. Mesclunsalat waschen und gut abtropfen lassen.

Anrichten und Garnieren

In die Mitte des mit dem Fleisch belegten Tellers die marinierten Pilze geben und das Fleisch mit der Vinaigrette bestreichen. Anschließend den Mesclunsalat auf die Pilze geben und mit Pfeffer aus der Mühle bestreuen. Vor dem Servieren mit einer Reibe dünne Scheiben des Pecorino über das Fleisch verteilen und mit Trüffelöl beträufeln. Mit Balsamicoessig Ringe um das Gericht ziehen.

Brennnesselrahmsuppe mit pochiertem Estragonei

4 Portionen

Brennnesseln werden als Esspflanze sehr geschätzt, denn sie besitzen einen feinsäuerlichen Geschmack und einen hohen Vitamingehalt. Ursprünglich besonders in Notzeiten verwendet, weil es in Wäldern und Brachflächen reichlich Brennnesseln gibt, ist die Pflanze heute zu einer beliebten Zutat in Feinschmecker- und Kräuterküchen geworden. Früher wurden verderbliche Güter wie Fleisch oder Fisch oftmals in Brennnesselblätter gewickelt, damit sie frisch blieben, denn die Wirkstoffe der Nesselhaare hemmen die Verbreitung bestimmter Bakterien. Um der reizenden Wirkung der Nesselhaare zu entgehen, kann man die Pflanzen kurz in ein Tuch wickeln und kräftig wringen, am besten blanchiert man sie aber.

Für die Suppe

300 g Brennnesselblätter
2 Schalotten
½ Zehe Knoblauch
500 ml Brühe aus dem Glas
250 ml Sahne
3 EL Butter
Muskatnuss, Salz, Pfeffer

Für die Estragoneier

125 ml Estragonessig
8 Estragonzweige
4 Eier

Zubereitung

1 Brennnesselblätter mit kochendem Wasser übergießen, danach kalt abspülen, abtropfen lassen und hacken. Schalotten in Scheiben schneiden, in der Butter anschwitzen und gehackte Knoblauchzehe dazugeben. Die Brennnesseln einrühren, mit Brühe und Sahne aufgießen und zu einer sämigen Konsistenz leicht einkochen.
Die Suppe mit Salz, Pfeffer und geriebener Muskatnuss würzen und pürieren.

2 Einen ½ Liter Wasser in einem Topf mit dem Essig und den Estragonzweigen aufkochen. Dann die Eier öffnen und in den Estragonsud gleiten lassen, knapp unter dem Siedepunkt pochieren (für ca. 4 Minuten) und auf Küchenkrepp abtropfen lassen.

Tipp: Die Eier vorsichtig in das Wasser geben, damit sie nicht platzen und nur bis zum Wachsstadium pochieren, denn das Eigelb soll beim Essen auslaufen. Am besten den Sud leicht umrühren, bis ein leichter Strudel entsteht und dann das Ei hineingleiten lassen.

Anrichten und Garnieren

Die Eier in den Teller geben, mit der heißen Suppe begießen und mit dem Estragon garnieren.

Caesar's Salad mit Hühnchenstreifen

4 Portionen

Dieser in den USA sehr beliebte Salat wurde von dem italienischstämmigen Cesare Cardini kreiert. Cardini war Restaurantbesitzer des »Caesar's Place« im mexikanischen Tijuana, das direkt an der US-Grenze liegt. Während der Prohibition stürmten US-Bürger den Ort vor allem an den Wochenenden, um ohne Auflagen feiern zu können. Der Legende nach gab es am 4. Juli 1924, dem amerikanischen Nationalfeiertag, einen solchen Andrang auf das Restaurant, dass Cardini seinen Gästen kaum noch etwas anzubieten hatte. Daraufhin erfand er aus dem noch reichlich vorhandenen Römersalat und dem Rest seiner Vorräte ein neues Gericht, das bei den Gästen hervorragend ankam.

Caesar-Dressing

2 Eier
10 EL Olivenöl
1 Zitrone
2 Spritzer Worcestershiresauce
2 TL Sardellenpaste
½ feingehackte Knoblauchzehe
2 EL Essig
1 TL Senf
Meersalz, frisch gemahlener Pfeffer

Hühnchenstreifen

Hühnerbrustfilets (je ca. 150 gr)
4 EL Olivenöl
Salz, Pfeffer
edelsüßes Paprika

Caesar's Salad

2 nicht zu große Römersalate
4 Toastscheiben
½ gepresste Knoblauchzehe
100 g frisch geriebener Parmesan
40 g Butterschmalz
Meersalz, Pfeffer

Zubereitung

1 Toastscheiben in kleine Würfel schneiden und in einer beschichteten Pfanne mit der ½ gepressten Knoblauchzehe und etwas Butterschmalz langsam goldbraun rösten.

2 Den Salat halbieren und vom Strunk befreien, anschließend in mundgerechte Stücke zupfen.

3 Eier eine Minute in Wasser kochen, abschrecken und zur Hälfte abpellen. Das Eigelb kann man jetzt ganz locker in eine Schüssel gleiten lassen. Dem Eiweiß sage ich dabei »Adieu«. Senf, Worcestershiresauce, feingehackten Knoblauch, Sardellenpaste und 1 Esslöffel Saft von der vorher ausgepressten Zitrone mit dem Eigelb verrühren. Unter kräftigem Rühren das Olivenöl langsam beigeben, bis sich eine cremige Konsistenz ergibt, dann mit Essig, Pfeffer und Salz abschmecken.

4 Die Hühnerbrust mit Pfeffer und Salz würzen und in etwas Olivenöl von beiden Seiten bei hoher Temperatur kurz anbraten, dann auf mittlere Hitze zurückstellen und 5 Minuten in der Pfanne ziehen lassen. 3 Minuten vor dem herausnehmen mit Paprikapulver bestreuen und fertigbraten.

Tipp: Die Hühnchenstreifen erst braten, wenn der Salat gemischt ist, denn dann sind sie schön saftig und heiß.

Anrichten und Garnieren

Den Salat in eine Schüssel geben, mit dem Dressing vermischen und in einen tiefen Teller geben. Die Brotwürfel über dem Salat verteilen und die in Streifen geschnittene Hühnchenbrust obenauf geben. Vor dem Servieren großzügig mit dem geriebenen Parmesankäse dekorieren.

Champignonessenz en Croûte

4 Portionen

Der Champignon (Agaricus), auch Angerling oder Egerling genannt, ist der meistgekaufte Speisepilz im Lebensmittelhandel. In Europa gibt es ca. 40 Arten, die zur Ordnung der Blätterpilze gehören. Die meisten sind essbar, die wenigen ungenießbaren Arten sind schwer zu unterscheiden. Für ungeübte Pilzsammler ist höchste Vorsicht geboten, denn Champignons können mit dem giftigen Knollenblätterpilz verwechselt werden. Diese haben aber immer eine Scheide an der Stielbasis und die Lamellen sind immer hell, während bei Champignons die Lamellen je nach Reifegrad weißlich über rosig bis dunkelbraun sind und der Stiel Ringe hat. Also besser beim Händler Ihres Vertrauens einkaufen, im Handel gibt es meist kontrolliert kultivierte, extra angebaute Zuchtchampignons, die eng mit dem Wiesenchampignon verwandt sind.

Für die Champignonessenz

300 g braune Champignons
50 g kleine weiße Champignons
1 Karotte
½ Sellerie
1 Lauch
2 Zwiebel
3 Eier
200 gRinderhackfleisch
3 Stiele Thymian
20 g getrocknete Steinpilze
1 l Kalbsfond aus dem Glas, ersatzweise Wasser
3 EL trockener Sherry
Salz, frisch gemahlener Pfeffer
etwas Schnittlauch
Petersilienstrauß zum Garnieren

en Croute

1 Blätterteigrolle

Zubereitung

1 ⅔ der braunen Champignons putzen und grob hacken. Karotte, Sellerie, Lauch, eine Zwiebel und Steinpilze in einem Kochtopf anrösten. Wahlweise mit Wasser, besser aber mit Fond aufgießen, die zweite Zwiebel halbieren, auf dem Herd in einer Pfanne rösten und hinzugeben. Nun die Brühe langsam bis kurz vor dem Siedepunkt erhitzen und etwa $1^1/_2$ Stunden bei geringer Hitze köcheln lassen.

2 Die Brühe erkalten lassen, mit einem Schneebesen das Eiweiß kurz schlagen, die restlichen braunen Champignons feinhacken und zugeben. Fleisch und Eiweiß beimischen. Die Brühe mit dem Eiweißgemisch kalt auf den Herd geben und langsam zum Köcheln bringen, wobei zu beachten ist, dass nicht mehr gerührt werden darf, wenn das Eiweiß zu stocken beginnt. Vom Herd nehmen, für weitere 40 Minuten ziehen lassen und durch ein sehr feines Sieb passieren.

3 Mit Salz, Pfeffer und Sherry abschmecken. Die weißen Champignons in Scheiben schaben und mit dem gehackten Schnittlauch in Tassen geben. Die Essenz einfüllen, den Blätterteig rund ausstechen und mit Ei bestreichen, mit der bestrichenen Seite nach unten auf die Tassen geben und am Rand andrücken. Nun die obere Seite mit Ei bestreichen.

***Tipp:** Die Tassen sofort nach dem Bedecken in den vorgeheizten Ofen geben, da der Teig sonst in die Flüssigkeit sinkt und dadurch nicht aufgehen kann.*

Anrichten und Garnieren

Im auf 180 °C Umluft vorgeheizten Ofen goldbraun backen und mit einem Petersilienzweig garnieren.

Knuspriges Gartengrün in Dijon-Vinaigrette mit warmem Ziegenkäse

4 Portionen

Bruschetta

1 Baguette
16 Scheiben Ziegenkäse (ca. 1–1½ cm dick)
6 Pflaumentomaten
1 Frühlingszwiebel
2 Sardellen
6 EL Olivenöl
1 Zehe Knoblauch
1 TL frischer Oregano
2 EL frischer Basilikum
Salz, Pfeffer

Für den Salat

4 Pakete Brunnenkresse
50 g Rucola
50 g Brennesselsalat
50 g Löwenzahnsalat
50 g Vogelsalat
50 g Friseesalat
125 g Heidelbeeren

Für das Dressing

3 EL Estragon-Essig
2 TL grobkörniger Dijonsenf
2 TL Honig
7 EL Olivenöl
2 Schalotten
4 Knoblauchzehen
50 g gemischte Kräuter (Kerbel, Petersilie, Estragon)
Salz, Pfeffer

Zubereitung

1 Schalotten in feine Würfel schneiden und Kräuter hacken. Wer nicht mit frischen Kräutern arbeiten will, kann auf Tiefkühl-Packungen zurückgreifen, wichtig dabei: langsam auftauen. Mithilfe eines Mixers oder mit dem Schneebesen Essig, Senf, Honig, Schalotten, Kräuter, Salz und Pfeffer verquirlen, dann nach und nach unter ständigem Schlagen 6 Esslöffel Öl beigeben. Den Knoblauch schälen, in dünne Scheiben schneiden und im restlichen Öl in einer Pfanne goldbraun braten.

2 Die Salate waschen, in mundgerechte Größe zupfen und trockenschütteln. Die Heidelbeeren ebenfalls waschen und trockentupfen. In einer großen Schüssel alles vermischen.

3 Die Tomaten mit kochendem Wasser überbrühen. Kalt abschrecken, häuten, entkernen und von den Stängelansätzen befreien. Das Fruchtfleisch feinhacken. Sardellenfilets trockentupfen und kleinschneiden. Knoblauch schälen und feinwürfeln. Die Zwiebel schälen und in hauchdünne Ringe schneiden. Oregano und Basilikum hacken. Alle vorbereiteten Zutaten mit den Kräutern mischen, salzen und pfeffern, dann das Öl hinzufügen. Das Baguette diagonal in 2 Zentimeter dicke Scheiben schneiden, von einer Seite auf dem Backofengrill rösten, dann auf die ungeröstete Seite ein paar Tropfen Öl geben, die Tomatenmischung darauf verteilen und noch einmal für 2 Minuten in den Backofen geben.

4 Den Ziegenkäse kurz in einem Grill oder im Backofen bei 120 °C Umluft erwärmen, der Käse darf nicht verlaufen oder gar braun werden, also höchstens 5 Minuten darin lassen.

Anrichten und Garnieren

Den Salat mit dem Dressing vermengen und in einen tiefen Teller geben. Den warmen Ziegenkäse fächerförmig obenauf legen und die Bruschetta seitlich anlegen. Den Teller mit Olivenöl verzieren.

Mâchesalat im Walnussdressing mit geräucherter Entenbrust

4 Portionen

Mâche ist die französische Bezeichnung für Feldsalat, der auch als Rapunzel- (vor allem in Mitteldeutschland) oder Vogerlsalat (Bayern, Österreich) bekannt ist, die Schweizer nennen ihn Nüssli. Feldsalat (Valerianella) gehört zur Familie der Baldriangewächse und umfasst weltweit ca. 80 Arten. Wegen des raschen Vitaminverlustes sollte man ihn möglichst am Einkaufstag auch verarbeiten. Besonders knackig wird Feldsalat, wenn man ihn vor dem Verzehr für ein paar Minuten in Eiswasser legt. Da er etwas empfindlich ist, sollte der Feldsalat aber nicht unter fließendem Wasser gewaschen werden.

Für die Entenbrust

1 kalt geräucherte Entenbrust (Magret »weiblich«)
1 EL Butterschmalz
Salz, Pfeffer
etwas fein gehackter Majoran

Für den Salat und Dressing

500 g Feldsalat
100 g Walnusskerne
20 Kirschtomaten
8 EL Walnussöl
4 EL Himbeeressig
2 Prisen Zucker
1 rote Zwiebel
2 Sträuße Petersilie
etwas Olivenöl
Salz, Pfeffer

Zubereitung

1 Den Feldsalat sehr gut putzen und mehrmals waschen.

2 Walnusskerne im Handtuch mit dem Nudelholz grob zerkleinern und die Kirschtomaten halbieren. Mit Salz und Pfeffer würzen und in Olivenöl wenden. Danach auf einem Blech im Ofen bei 140 °C 3 Minuten trocknen. Die Petersilie waschen und feinhacken.

3 Die Zwiebel feinhacken und zusammen mit dem Essig, Öl, etwas Wasser, Petersilie und Gewürzen in ein Verschlussglas geben, schließen und kräftig schütteln.

4 Die Entenbrust würzen und die Unterseite mit dem Majoran einreiben. In etwas Butterschmalz mit der Hautseite zuerst scharf anbraten, dann wenden und anschließend auf einem Backblech im Ofen bei 150 °C ca. 25 Minuten rosa braten.

Tipp: Die Entenbrust soll leicht rosé serviert werden, daher während des Bratens darauf achten, wann Bluttropfen austreten. Dann ist die Entenbrust medium gebraten und kann herausgenommen werden.

Anrichten und Garnieren

Den Feldsalat im Dressing zusammen mit den Kirschtomaten und Walnüssen wenden und in einem tiefen Teller anrichten. Dann von der rosa gebratenen Entenbrust hauchdünne Scheiben abschneiden und danebenlegen.

Salat von weißem Stangenspargel mit gebackenem Ei

4 Portionen

Für den Salat

1 Kopf Friseesalat
50 g Lollo rosso
1 Bund Kerbel

Für das Ei

5 Eier
etwas Mehl
Semmelbrösel
Rapsöl

Für das Dressing

3 EL Dijonsenf
2 Sardellen
2 EL Himbeeressig
1 Spritzer Zitronensaft
5 EL Traubenkernöl
etwas Worcestershiresauce
etwas Honig
Salz, Pfeffer

Zubereitung

1 Den Spargel schälen und den unteren Teil, ca. 1½ Zentimeter, abschneiden. Spargel in Salzwasser mit Butter und der Zitronenscheibe etwa 7–10 Minuten bissfest kochen (mit der Gabel testen). Stangen aus dem Topf nehmen, auskühlen lassen und anschließend halbieren, dabei sowohl in der Mitte, als auch am Ende diagonal schneiden.

2 Lollo rosso und Friseesalat putzen, waschen und in mundgerechte Stücke schneiden. Den Kerbel vom Stiel zupfen, waschen und unter den Salat mischen. 4 Eier 5 Minuten kochen, ein Ei mit dem Schneebesen schlagen. Nun nacheinander die gekochten Eier zuerst in Mehl, dann in geschlagenem Ei und zuletzt in Semmelbrösel wenden.

4 Die Sardellen mit der Gabel zerdrücken, dann alle Zutaten bis auf das Öl in einer kleinen Schüssel kräftig verquirlen. Anschließend das Öl nach und nach einrühren und das Dressing, mit jeweils 1 Prise Salz und Pfeffer versehen.

Anrichten und Garnieren

Spargel, Kerbel sowie den Friseesalat mit dem Dressing vermengen und auf den Teller geben. Das Ei in etwas Rapsöl goldgelb in einer Pfanne mit Rapsöl ausbacken, in 2 Hälften schneiden und noch warm neben den Salat setzen.

Mesclunsalat mit Kartoffeldressing an lauwarmen Forellenfilets

4 Portionen

Mesclun ist ein französischer Mischsalat. Was da genau hineingehört, darüber streiten sich sogar die Franzosen. Meist handelt es sich um eine Mischung aus Endivien, Eissalat, Zichorie, Lollo rosso, Lattich und Eichblatt, die schon auf dem Beet gemischt gesät stehen. Mesclunsalate sind im Handel in Beuteln fertig erhältlich.

Für den Salat

4 Champignonköpfe
4 geräucherte Forellenfilets
200 g Feldsalat
200 g Mesclunsalat
1 Zitrone

Für das Dressing

150 g mehlige Kartoffeln
⅛ l Bouillon
2 EL Sherryessig
1 EL Olivenöl
1 Schalotte
Salz, Pfeffer aus der Mühle

Zubereitung

1 Den Salat und die Champignons putzen, waschen und in Scheiben schneiden. Den Salat dabei gut abtropfen lassen. Die Forellenfilets auf ein Backblech legen und bei 100 °C backen, bis sie lauwarm sind. Zitrone in feine Spalten schneiden.

2 Die Kartoffeln schälen, in Salzwasser kochen, heiß durch die Presse drücken und etwas abkühlen lassen. Zuerst mit ¾ der Bouillon glattrühren, dann Essig und Öl zugeben und mit weiterer Bouillon verdünnen, bis eine dickflüssige Sauce entsteht. Die Schalotte feinhacken und untermischen und mit Salz und Pfeffer abschmecken.

Anrichten und Garnieren

Den Feld- und Mesclunsalat nacheinander durch das Dressing ziehen und auf großen Tellern verteilen. Die lauwarmen Forellenstücke dazulegen und mit den Zitronenspalten garniert servieren.

Cremesuppe von weißem Spargel an Wachsei mit Avocadomousse

4 Portionen

Das Wachsei ist eine besondere Delikatesse, die auch gerne von Molekularköchen verwendet wird. Natürlich könnte man ein Ei auch auf »klassische« Weise im Topf etwa sechs Minuten kochen, aber es gibt einen erheblichen Unterschied in Geschmack und Konsistenz, da die Proteine bei der optimalen Temperatur von 60 °C langsam zu stocken beginnen. Durch die niedrige Temperatur wird darum ein schonender Effekt erzielt, was sich auf den Geschmack auswirkt.

Für das Avocadomousse

1 reife Avocado
½ Zitrone
50 ml Brühe aus dem Glas
Salz, Pfeffer
etwas Chili

Für die Suppe

350 g Spargel
500 ml Wasser
2–3 EL Mehl
125 ml Weißwein
125 ml Sahne
60 g Butter
etwas Schnittlauch
Salz, Pfeffer
Muskat

Für die Eier

4 Eier

Zubereitung

1 Spargel waschen, schälen, von holzigen Teilen befreien und in kurze Stücke schneiden. Die Abschnitte in Wasser aufkochen lassen und daraus mit geschlossenem Deckel auf kleiner Hitze etwa eine ½ Stunde lang einen aromatischen Spargelsud kochen. Den Sud durch ein Haarsieb geben und beiseitestellen. Spargelstücke in der Butter glasig anschwitzen und mit dem Mehl abstauben. Mit dem Wein ablöschen und den kalten Sud hinzugeben. Bei geringer Hitze etwa 30 Minuten lang köcheln lassen. Sahne einrühren und die Suppe mit dem Mixer pürieren.

2 Die Avocado halbieren, Kern entfernen, schälen und in kleine Stücke schneiden. Mit dem Saft der Zitrone beträufeln und mit Salz, Pfeffer sowie Chili würzen. Im Mixer unter Zugabe der Brühe zu einer feinen homogenen Masse pürieren.

3 Die Eier im Topf bei 60 °C (Kochthermometer verwenden) im Wasserbad ca. 45 Minuten ziehen lassen. Auf einem Teller leicht anklopfen und halbieren. Vorsichtig mit den Händen das Eiweiß vom Eigelb trennen und nur das Eigelb für die Suppe verwenden. Die Wachseier sind gelungen, wenn das Eigelb geronnen, aber noch feucht ist.

Anrichten und Garnieren

1 Esslöffel Avocadomousse in die Mitte des Tellers geben. Wachsei seitlich daran legen und die heiße Suppe darübergießen. Vor dem Servieren mit gehacktem Schnittlauch garnieren.

Tom-Yam-Gung-Suppe

4 Portionen

Ein Klassiker der thailändischen Küche und außerordentlich beliebt. Von der sauer-scharfen Suppe gibt es viele Varianten, neben der Grundversion aus Brühe wird auch gerne Kokosnussmilch zugegeben. Der leicht säuerliche Geschmack wird durch das Zitronengras, die Tamarindenpaste und die Limetten erreicht. Die Suppeneinlagen bestehen neben verschiedenen Fleischarten wie Huhn (Tom Yam Gai) und Rind (Tom Yam Nü) aus Meeresfrüchten (Tom Yam Thalee) oder wie in dieser Variante aus Garnelen, einer Spezialität aus Thailands Süden.

Für den Fond

300 g Hühnerflügel
500 g rohe, geschälte Garnelen
1 EL Salz
1 rote Chilischote
1 grüne Chilischote
4 cm Kurkumawurzel (ersatzweise 1 TL Kurkumapulver)
2 cm Galgantwurzel
1 l Wasser
2 EL Tamarindenpaste
2 Stangen Zitronengras
400 ml Kokosmilch
2 EL Fischsauce
2 EL Sojasauce
2 Limetten
2 EL Koriandergrün

Zubereitung

1 Die Hühnerflügel mit Wasser, Salz, zerdrückter Galgantwurzel, grüner Chilischote und Kurkuma etwa 1 Stunde köcheln lassen. Dann die Brühe durch ein Sieb geben. Die Zitronengrasstangen am dicken Ende zerdrücken, die rote Chilischote entkernen und kleinhacken. Eine Limette halbieren und auspressen.

2 Den abgeseihten Fond mit Kokosmilch, gehackter Chilischote, Tamarindenpaste und Zitronengras kurz aufkochen und mit Fischsauce, Sojasauce sowie dem Saft einer ½ Limette abschmecken. Die geputzten Garnelen in die kochende Suppe geben und 5 Minuten ziehen lassen. Koriandergrün hacken. Pro Portion eine Garnele zum Garnieren auf einen Holzspieß geben.

Anrichten und Garnieren

Die Suppe in warmen Schalen anrichten und mit dem gehackten Koriandergrün sowie dem Garnelenspieß garnieren.

Wachteleier-Salat mit gebratenem Thunfisch

4 Portionen

Die Wachtel ist der kleinste in Europa heimische Hühnervogel. Wachteleier erreichen ein Gewicht von ca. zehn bis zwölf Gramm. Zum Vergleich: Ein mittelgroßes Hühnerei wiegt rund 60 Gramm. Sie können genauso wie Hühnereier verarbeitet werden, eignen sich vorzüglich zum Dekorieren und sind sehr gesund. Bereits im Altertum wurden Wachteleier als Heilmittel eingesetzt, schon Hildegard von Bingen schrieb über ihre stärkende Wirkung. Wachteleier haben einen hohen Gehalt an Vitamin B, Eisen und Zink, man sagt ihnen positive Wirkung bei Herz-, Nieren- und Magenproblemen, Migräne, Asthma und einigen Allergien nach.

Für den Salat

1 Kopfsalat
1 Romanesco
1 Friséesalat
1 Salatgurke
1 rote Zwiebel
4 Strauchtomaten
12 schwarze Oliven
12 rohe Wachteleier

Für den Thunfisch

250 g frischer Thunfisch am Stück
2 Bund Keniabohnen (ersatzweise feine junge grüne Bohnen)
Salz, Pfeffer
etwas Olivenöl zum Anbraten

Für das Dressing

150 ml Gemüsefond (Bohnenwasser)
50 ml Rotweinessig
1 TL Honig
1 TL Senf
75 ml Olivenöl
1 Knoblauchzehe
1 Zweig frischer Basilikum
Salz, Pfeffer

Zubereitung

1 Die Salate waschen und trockenschleudern. Die Gurke schälen, halbieren, entkernen, in Scheiben schneiden und leicht einsalzen. Die Zwiebel vierteln und in feine Streifen schneiden. Die Tomaten blanchieren, kurz überbrühen, Haut abziehen, entkernen und vierteln. Die Wachteleier 4 Minuten kochen, kalt abschrecken und schälen. Die Keniabohnen in Salzwasser einige Minuten weichkochen (mit der Gabel testen), abschrecken und der Länge nach halbieren. Das Bohnenwasser aufbewahren und beiseitestellen.

2 Basilikum und geschälte Knoblauchzehe feinhacken. Das Bohnenwasser, Senf, Honig, Knoblauch und Rotweinessig gut verquirlen, würzen und das Olivenöl langsam einrühren. Das gehackte Basilikum untermengen. Jeweils 1 Prise Salz und Pfeffer dazugeben.

3 Den frischen Thunfisch am Stück mit Salz und frisch geschrotetem Pfeffer würzen und in der Pfanne mit etwas Olivenöl für 1–2 Minuten rundum kurz anbraten, das Fleisch soll schön rosa bleiben.

Anrichten und Garnieren

Die Blattsalate sowie alle anderen Gemüse im Dressing marinieren. Die Wachteleier sowie die Oliven halbieren und rundum auf dem Salat anrichten. Den rosa gebratenen Thunfisch aufschneiden und auf den Salat legen. Vor dem Servieren noch mit etwas Dressing beträufeln.

Wiesenchampignons in Kartoffel-Speck-Dressing mit warmen Riesengarnelen

4 Portionen

Für den Salat

1 Kopf Friseesalat
100 g Feldsalat
100 g frischer Blattspinat
50 g Kapuzinerkresse
1 Zwiebel
8 frische Champignons mittlerer Größe

Für das Kartoffeldressing

150 g mehlige Kartoffeln
125 ml Bouillon aus dem Glas
2 EL Sherryessig
1 EL Dijonsenf
1 EL Bienenhonig
3 EL Rapsöl
1 kleine Schalotte
4 Scheiben Frühstücksspeck
Salz, Pfeffer

Für die Riesengarnelen

1 EL Bienenhonig
1 kleine Schalotte
1 Zitrone
etwas Olivenöl

Zubereitung

1 Die Salate, Spinat und Kapuzinerkresse putzen, waschen und trockenschleudern. Die Champignons putzen und in dünne Scheiben schneiden. Die Zwiebel schälen und in feine Ringe schneiden.

***Tipp:** Den frischen Spinat am besten 2-mal waschen, damit alle Sandreste entfernt sind und es beim Essen keine »knusprige« Überraschung gibt. Die Riesengarnelen erst anschwenken, wenn der Salat fertig ist, damit sie beim Servieren noch warm sind.*

2 Kartoffeln schälen, in Salzwasser kochen, noch heiß durch eine Kartoffelpresse oder mit der Gabel zerdrücken. Etwas abkühlen lassen. Zuerst mit ¾ der Bouillon glattrühren, Essig und Öl sowie Senf und Honig zugeben und mit weiterer Bouillon so weit verdünnen, bis eine dickflüssige Sauce entsteht. Den Speck im Ofen knusprig backen, erkalten lassen und sehr fein hacken, dann die feingehackte Schalotte untermischen und mit Salz und Pfeffer abschmecken.

3 Schalotte kleinhacken, Olivenöl in einer Pfanne erwärmen, die gehackte Schalotte darin leicht anbraten, Honig unterrühren, dann die Riesengarnelen zugeben und 2–3 Minuten durchschwenken.

***Wichtig:** Riesengarnelen nicht zu lange in der Pfanne lassen, da sie sonst zäh werden.*

Anrichten und Garnieren

Die Blattsalate, Champignons und Zwiebelringe im Dressing marinieren, anlegen, etwas geschälte kleingeschnittene Zitrone dazu. Die warmen Riesengarnelen kurz vor dem Servieren darüber verteilen und den feingehackten Speck darüberstreuen.

Rosa gebratene Barbarie-Entenbrust an Chilischokoladensauce mit Kartoffeltalern und lauwarmem Salat

4 Portionen

Die Barbarie-Ente (aus dem franz. Canard de Barberie) stammt ursprünglich aus der wilden Rasse der Moschusenten (Cairina moschata) in Südamerika und wurde dort wegen ihres schmackhaften roten Fleisches domestiziert. Christoph Kolumbus brachte die ersten Tiere im 17. Jahrhundert nach Europa. Der Fleischanteil dieser Flugenten ist höher als bei der Hausente, sehr saftig und vor allem im Vergleich fettarm, daher auch der Name »magere Ente«. Die Tiere werden zehn bis zwölf Wochen aufgezogen und mit hohen Weizen- und Maisanteilen gefüttert. Während die weibliche Ente 2½ Kilogramm Gewicht erreicht, kann der Erpel bis zu fünf Kilogramm schwer werden.

Für die Entenbrüste

2 Barbarie-Entenbrüste
2 EL Butterschmalz
2 Thymianzweige

Für die Sauce

50 ml Portwein
50 ml Rotwein
200 ml Geflügelfond aus dem Glas
½ Tafel Chilischokolade
(wenn man keine Chilischokolade bekommt, kann man auch normale Bitterschokolade und etwas Chilipulver verwenden)
1 EL kalte Butter

Für den lauwarmen Salat

2 Romanesco-Salatherzen
1 EL Butter
Salz, Pfeffer
etwas Zucker

Für die Kartoffeltaler

2 mittelgroße Kartoffeln
1 EL Schmalz
etwas Öl
etwas süßes Paprikapulver
Salz, Pfeffer

Für die Äpfel

2 Äpfel (Boskoop)
1 EL Butter
½ Zitrone
1 EL Zucker
etwas Weißwein

Zubereitung

1 Den Backofen auf 180 °C vorheizen. Die Haut der Entenbrüste mit einem scharfen Messer nicht zu tief diagonal einschneiden, das Fleisch darf dabei nicht verletzt werden. Danach das Fleisch beidseitig mit Salz und Pfeffer würzen.

2 In einer Pfanne das Butterschmalz erhitzen und die Entenbrüste zuerst auf der Hautseite, dann auf der Unterseite anbraten und mit Thymianzweigen belegen. Die Brüste auf ein Blech geben, ins Rohr schieben und 8–10 Minuten braten, das Fleisch soll innen rosa sein.

3 Portwein und Rotwein auf ein Drittel der ursprünglichen Menge einkochen. Geflügelfond zugießen und wiederum auf die Hälfte einkochen. Chilschokolade kleinschneiden, zugeben und unter Rühren in der Sauce auflösen. Durch Einrühren der kalten Butterstücke bindet man nun die Sauce ab. Nicht mehr kochen oder würzen!

4 Die Salatherzen waschen und der Länge nach halbieren. Butter erhitzen und 1 Prise Zucker einstreuen. Salathälften einlegen, rundum anbraten und im Rohr ca. 5 Minuten bei etwa 80 °C Umluft ziehen lassen.

5 Die Kartoffeln schälen und in etwa 1½ Zentimeter dicke Scheiben schneiden. In Salzwasser blanchieren, anschließend in einem Öl-Paprika-Pfeffer-Gemisch wenden und im Ofen bei 120 °C etwa 10–12 Minuten backen, bis sie knusprig golden-braun sind.

6 Die Äpfel schälen, vierteln und entkernen. Butter in einer Pfanne bei geringer Hitze schmelzen, Äpfel hinzugeben, leicht anbraten und mit Zitronensaft beträufeln. Den Zucker darüber streuen und bei stärkerer Hitze karamellisieren lassen. Zum Schluss mit etwas Wein ablöschen.

Anrichten und Garnieren

Die Kartoffelscheiben auf den Teller geben, den lauwarmen Salat neben den Kartoffeln anrichten. Entenbrust in der Mitte diagonal teilen und anlegen. 3 Apfelspalten als Finger gestalten und mit einer Himbeere garnieren. Schokoladensauce rund um das Fleisch träufeln.

Australischer Barramundi mit Fenchelgemüse

4 Portionen

Der Barramundi (Lates calcarifer) gilt als bester Speisefisch Australiens, dieses Gericht ist down under sehr bekannt und außerordentlich beliebt. Er gehört zur Familie der Barsche und kann sowohl im Süß- als auch im Salzwasser leben. Das Fleisch ist weiß, zart und sehr schmackhaft. Es hat einen Fettgehalt von nur zwei Prozent. Dieses Rezept mit Weißwein ist so beliebt, dass der australische Wein Barramundi, der aus Semillion- und Chardonnay-Trauben gekeltert wird, nach dem Fisch benannt wurde.

Für die Sauce

100 g Butter
100 ml australischer Weißwein
200 ml Sahne
2 Schalotten
2 EL Mehl
2 EL frischer Dill
frischer Schnittlauch
etwas Zitronensaft
Salz, Pfeffer

Für das Gemüse und die Kartoffeln

200 g Fenchel
100 g Karotten
500 g festkochende Kartoffeln
etwas Butter
Salz, Pfeffer
Cocktailtomaten, Petersilie für die Garnitur

Für den Fisch

4 Barramundifilets à 150 g
2 EL Mehl
etwas Sonnenblumenöl

Zubereitung

1 Die Schalotten feinwürfeln und in Butter leicht glasig anschwitzen, mit dem Wein ablöschen. Sahne aufgießen und unter ständigem Rühren bis zur Hälfte einkochen, bis eine schöne cremige Sauce entstanden ist. Dill hacken, dann Sauce mit Salz und Pfeffer abschmecken und den Dill zugeben.

2 Die Barramundifilets würzen, mit Zitronensaft beträufeln und in etwas Mehl wenden, anschließend in der Pfanne in etwas Öl goldbraun braten.

3 Das Gemüse putzen, waschen, trockentupfen und in sehr feine Streifen (Julienne) schneiden. Etwas Butter in eine Pfanne geben, die Julienne darin etwa 2 Minuten unter Rühren dünsten und würzen.

4 Kartoffeln schälen, kochen, in Hälften schneiden. Die Kirschtomaten blanchieren.

Anrichten und Garnieren

Den Barramundi auf den Teller geben, mit der Sauce napieren (napieren: Sauce über das Gericht ziehen, im Gegensatz zu saucieren: Sauce neben das Gericht geben), die Julienne darauf kraus anrichten. Kartoffeln zu einem Fächer legen, mit Petersilie bestreuen und mit der Cocktailtomate garnieren. Die Australier essen zu diesem Gericht am liebsten Reis, eine schöne Alternative für das zweite Ma(h)l.

Doppeltes Entrecôte mit Parmesan-Pont-Neuf auf Spargelbouquet an Raukepesto und Steinpilzjus

4 Portionen

Das Entrecôte (aus dem franz. entre = zwischen, côte = Rippe) ist ein Steak aus der Hoch- oder Zwischenrippe des Rinds, ähnlich dem Rib-Eye-Steak. In der klassischen Küche hatte das Fleisch früher ein Gewicht von 350 bis 550 Gramm und war vier bis sechs Zentimeter dick. Heutzutage im Zeitalter gesunder Ernährung ist dies nicht mehr zeitgemäß, die Stücke wiegen in der Regel um die 160 bis 250 Gramm. Einige Köche ziehen aber die Vorbereitung des ganzen klassischen Stückes vor und schneiden dies hinterher als Entrecôte double für zwei Portionen zurecht.

Doppeltes Entrecôte

800 g Rumpsteak (2 große Stücke à 400 g)
2 EL scharfer Senf
2 Zwiebeln
6 EL Mehl
2 EL Rapsöl
4 Majoransträußchen
Salz, Pfeffer

Die Sauce

400 g Kalbsknochen (kleine Stücke)
100 g Zwiebeln
100 g Möhren
¼ Knolle Knollensellerie
20 g Tomatenmark
200 g Steinpilze
½ l Rotwein (Bordeaux)
½ l Wasser
2 Lorbeerblätter
etwas frischen Majoran und Oregano
Salz, Pfeffer

Spargelbouquet an Raukepesto

12 Stangen weißer Spargel
4–6 Schnittlauchstängel
1 Prise Salz
1 Prise Zucker
etwas Zitronensaft

Für das Pesto:
100 g Brunnenkresse
150 g Rauke
2 Knoblauchzehen
15 g geröstete Pinienkerne
20 g Parmesan; gehobelt
150 ml Öl
1 Zitrone
Salz, Pfeffer aus der Mühle

Parmesan-Pommes-Pont-Neuf

1 kg große festkochende Kartoffeln
½ TL edelsüßes Paprikapulver
100 g frisch geriebener Parmesankäse
1 Tl Salz
Öl zum Frittieren
Kirschtomaten für die Garnitur

Zubereitung

1 Zwiebeln schälen, feinwürfeln. Rumpsteak mit Salz und Pfeffer würzen, mit Senf gut einstreichen, dann eine Seite komplett mit den feingehackten Zwiebelwürfeln belegen. Gut andrücken und danach mit Mehl bestäuben. Die Rumpsteaks mit der Zwiebelseite zuerst in eine Pfanne mit heißem Rapsöl geben. Goldfarben anbraten, wenden und bei mäßiger Hitze rosa braten.

2 Einen Bräter erhitzen und die Knochen darin mit etwas Öl stark bräunen, das Gemüse sowie die Hälfte der Steinpilze hinzugeben und weiterrösten, bis Knochen und Gemüse gut Farbe haben. Vorsicht, nicht anbrennen oder -rösten lassen! Das Tomatenmark hinzugeben, mit Rotwein ablöschen und reduzieren. Diesen Vorgang wiederholen und mit dem Wasser aufgießen. Mit den Kräutern einen Gewürzbeutel machen (wer keinen hat, kann die Gewürze auch in ein Tuch einbinden und mit einer Schnur verschließen), hinzugeben und bis zur Hälfte einreduzieren lassen. Die verbleibende Flüssigkeit durch ein Tuch passieren und abschäumen. Die restlichen Steinpilze in Scheiben schneiden, anschwitzen und damit die Sauce verfeinern.

3 Den Spargel mit einer Prise Salz und Zucker sowie etwas Zitronensaft 12–18 Minuten weichkochen und eine ½ Minute vor Schluss den Schnittlauch hinzugeben. Den Schnittlauch auf einem Tisch auslegen, den Spargel mittig halbieren und mithilfe der Lauchstängel zu einem Bündel knoten.

4 Brunnenkresse und Rauke putzen, waschen, von den Stielen zupfen und grobhacken. Den Knoblauch pellen und in grobe Stücke schneiden. In einem Mixer Kresse, Rauke, Knoblauch, Pinienkerne und Parmesan mit dem Öl gut durchmixen. Mit Zitronensaft, Salz und Pfeffer würzen.

5 Kartoffeln waschen, schälen und in Stäbchen von 2 Zentimeter Breite und 6–7 Zentimeter Länge schneiden. 10 Minuten in kaltes Wasser legen, dann durch ein Sieb gut abtropfen lassen und in einem Küchentuch trockentupfen. Die Kirschtomaten kurz in kochendem Wasser blanchieren und für die Garnitur zur Seite legen. Das Öl in einer Fritteuse auf 140 °C Umluft erhitzen und die Kartoffelstäbe darin 5–6 Minuten vorgaren, herausnehmen und auf Küchenpapier gut abtropfen lassen. Das Frittierfett auf 175 °C erhitzen und die Kartoffelstäbe darin 5–6 Minuten goldbraun backen. Gut abtropfen lassen, mit Salz-Paprika-Mischung würzen und mit dem Parmesan bestreuen. Wer keine Fritteuse besitzt, kann die Kartoffeln auch kochen und im Backofen bei 175 °C zubereiten, bis sie kross sind, dann würzen und kurz wieder in den Ofen schieben.

Tipp: Die-Pont-Neuf-Kartoffeln erst kurz vor dem Servieren ausbacken, damit sie schön knusprig sind.

Anrichten und Servieren

Das Fleisch tranchieren, pro Portion in 4 etwa gleich große Stücke schneiden und auf der Tellermitte drapieren. Das Spargelbündel anlegen und das Raukepesto darübergeben. Die Kartoffeln 2 quer, 2 längs zum kleinen Block schichten und das Fleisch mit einer blanchierten Cocktailtomate garnieren. Reichlich Sauce vor das Entrecôte geben.

Dover-Seezungenfilets an Zitronenbutter mit Pfifferlingen und Fingerling-Kartoffeln

4 Portionen

Die Seezunge (Solea solea) ist einer der delikatesten und teuersten Speisefische. Unter dem recht unscheinbaren Äußeren versteckt sich zartes weißes Fleisch. Der oval geformte rechtsäugige Plattfisch lebt an fast allen Küsten Westeuropas und wird zwischen acht und zwölf Jahre alt, die maximale Größe liegt bei etwa 60 Zentimeter und einem Gewicht von rund zwei Kilogramm. Den lateinischen Namen »Solea« verdankt die seit Jahrtausenden kulinarisch bekannte Seezunge der frappierenden Ähnlichkeit mit der Sohle, der von den alten Römern getragenen Riemchensandale. Von den Franzosen wird der Fisch als Meeresrebhuhn (Perdix de mer) bezeichnet; ein großes kulinarisches Kompliment. Der Kilopreis für küchenfertige Seezunge kann um die 45 Euro liegen, daher wird sie im Supermarkt kaum angeboten. Man sollte sich an den Fischhändler seines Vertrauens wenden.

Für die Kartoffeln

200 g Fingerling-Kartoffeln
(langgezogene Kartoffelsorten wie Bamberger Hörnchen oder die französische La Ratte verwenden, wenn man diese nicht bekommt, schmeckt das Gericht genauso gut mit »normalen« Kartoffelsorten)
1 TL gehackte Petersilie
Salz, etwas Butter

Für die Seezunge

4 Dover-Seezungen (filetieren lassen)
½ Zitrone
Salz, Pfeffer
etwas Olivenöl
etwas Butter

Für die Zitronenbutter

200 g Butter
2 Zitronen (für den Saft)
75 ml Weißwein
Salz, Pfeffer, etwas Zucker

Für die Pfifferlinge

400 g Pfifferlinge
6 Schalotten
1 EL Schnittlauch
etwas Butter
etwas Olivenöl
Salz, Pfeffer

Für die Garnitur:
1 Zitrone (Filet des Fruchtfleisches)
1 Kirschtomate
1 Schnittlauchstängel

Zubereitung

1 Die Seezunge mit Salz, Pfeffer und dem Saft einer Zitrone würzen und in wenig Olivenöl mit Butter kross braten. 2 Zitronen auspressen, Butter zerlassen, Zitronensaft und Weißwein dazugeben und emulgieren lassen. Die Emulsion entsteht durch intensives Vermischen der fetten mit den wässrigen Flüssigkeiten mithilfe eines Stabmixers, dann mit Salz, Pfeffer und Zucker würzen.

2 Schnittlauch hacken, Pfifferlinge putzen und kurz durch Wasser ziehen. In Butter mit Olivenöl und den Schalotten anschwitzen, würzen und den frischen Schnittlauch dazugeben.

3 Die Kartoffeln in Salzwasser kochen und anschließend in einer Pfanne mit etwas Butter schwenken, salzen und mit Petersilie bestreuen.

4 Fruchtfleisch der Zitrone sauber aus der Haut lösen, Kirschtomate kurz blanchieren.

Anrichten und Garnieren

Die Seezungenfilets auf den Teller legen, Pfifferlinge daraufgeben und Kartoffeln anlegen. Die Zitronenbutter darumgeben, Filets mit Zitronenfilets, Kirschtomate und Schnittlauch garnieren.

Geschmorte Rinderrippe auf Meerrettichpüree mit Spargelbouquet

4 Portionen

Für das Meerrettichpüree

1 kg Kartoffeln
80 g Butter
150 ml Sahne
150 ml Milch
50 g frischer Meerrettich
Muskat
Salz

Für die Rinderrippe

1 kg Rinderrippe mit Knochen
150 g Wurzelwerk
80 g Zwiebeln
1 EL Butterschmalz
1 EL Tomatenmark
1 EL Mehl
½ Flasche Rotwein
1 l Rinderbrühe aus dem Glas
1 EL gehackte Kräuter
Lorbeerblätter, Wacholderbeeren, Rosmarin, Oregano

Für die Spargelbündel

200 g Spargel
10 g Butter
etwas Schnittlauch
Salz und Pfeffer

Für die Garnitur:
etwas Meerrettichsauce aus dem Glas, Petersilie, eine Kirschtomate

Zubereitung

1 Die Rinderrippe in heißem Butterschmalz von allen Seiten anbraten, Wurzelwerk dazugeben und kurz mitbraten. Mit Mehl bestäuben, Tomatenmark hinzugeben und kurz weiterrösten. Mit Rotwein ablöschen und mit Brühe aufgießen. Gewürze hinzugeben, mit Pfeffer aus der Mühle verfeinern. Die Rinderrippen müssen jetzt ca. 2–3 Stunden, je nach Größe, köcheln. Dann die Fleischstücke herausnehmen und die Sauce durch ein Sieb passieren. Mit etwas Portwein nachschmecken, mit Salz und Pfeffer verfeinern und die vom Knochen gelösten Fleischstücke wieder in die Sauce geben.

2 Kartoffeln schälen, waschen, vierteln und in Salzwasser weichkochen. Das Kochwasser abgießen, die Kartoffeln gut ausdampfen lassen und anschließend durch eine Kartoffelpresse drücken. Während die Kartoffeln kochen, die Milch, Schlagsahne und 50 Gramm Butter 2–3 Minuten einkochen lassen. Mit Salz und Muskat würzen. Die eingekochte Milch nach und nach unter das Püree rühren. Immer erst Flüssigkeit nachgießen, wenn die andere völlig aufgenommen ist. Zum Schluss den Meerrettich unter das Püree reiben.

3 Wasser mit etwas Zitrone in einen Topf geben. Den Spargel schälen, auf halbe Größe schneiden und ca. 15 Minuten bei geringer Hitze köcheln lassen. Kurz bevor der Spargel fertig ist, den Schnittlauch zugeben und kurz mitblanchieren. Nun den Spargel kalt abspülen, mithilfe des Schnittlauchs kleine Spargelbündel formen und in einer gebutterten Schale im Ofen kurz erhitzen.

Anrichten und Garnieren

Tomate kurz blanchieren, dann das Meerrettichpüree in die Mitte des Tellers geben und die Rinderrippe anlegen. Fleisch mit der Sauce übergießen, das Spargelbündel daranlegen und das Püree mit der blanchierten Tomate verzieren. Die Meerrettichsauce tropfenförmig an den Tellerrand geben, mit einem Löffel einschneiden und mit Petersilie verzieren.

Geschmorter Ochsenschwanz auf Rucolapüree und Kohlrabi

4 Portionen

Für den Ochsenschwanz

800 g Ochsenschwanz
150 g Wurzelwerk
80 g Zwiebeln
1 EL Butterschmalz
1 EL Tomatenmark
1 EL Mehl
½ Flasche Rotwein
1 l Rinderbrühe aus dem Glas
1 EL gehackte Kräuter

Für das Rucolapüree

1 kg Kartoffeln
200 g Rucolasalat
80 g Butter
150 ml Sahne
150 ml Milch
Muskat
Salz

Für die Kohlrabibündel

1 große Kohlrabi
10 g Butter
etwas Schnittlauch
Salz, Pfeffer

Für die Garnitur:
etwas Meerrettichsauce aus dem Glas
Crema di Balsamico

Zubereitung

1 Den Ochsenschwanz in heißem Butterschmalz von allen Seiten anbraten. Wurzelwerk dazugeben und kurz mitbraten. Mit Mehl bestäuben, Tomatenmark hinzugeben und noch kurz weiterrösten. Mit Rotwein ablöschen und Brühe hinzugeben. Lorbeer, Wacholderbeeren, Rosmarin und Oregano hinzugeben. Mit Pfeffer aus der Mühle verfeinern und die Ochsenschwänze ca. 90–120 Minuten köcheln lassen (die Größe ist relevant für die Zeitbemessung). Danach die Fleischstücke herausnehmen und die Sauce durch ein Sieb passieren. Mit etwas Portwein abschmecken, mit Salz und Pfeffer verfeinern und die Fleischstücke wieder in die Sauce geben.

2 Kartoffeln schälen, waschen, vierteln und in Salzwasser weichkochen. Dann das Kochwasser abgießen und die Kartoffeln gut ausdampfen lassen. Anschließend durch eine Kartoffelpresse drücken. Den Rucolasalat in kochendem Wasser kurz abkochen, kalt abspülen und feinhacken, anschließend mit einem Teil der Milch und einem Mixstab pürieren.

> ***Tipp:** Den Rucolasalat unbedingt vor dem Pürieren kurz blanchieren und eiskalt abwaschen, damit die tiefgrüne Farbe erhalten bleibt.*

Während die Kartoffeln kochen, den Rest der Milch, Schlagsahne und 50 Gramm Butter 2–3 Minuten einkochen lassen. Das Rucolagemisch zugeben, mit Salz und Muskat würzen. Die eingekochte Milch nach und nach unter das Püree rühren. Immer erst Flüssigkeit nachgießen, wenn die andere völlig aufgenommen ist. Der fertige Kartoffelbrei darf nicht mehr kochen.

3 Butter und Wasser in einen Topf geben. Den Kohlrabi schälen, in 1 Zentimeter dicke Stifte schneiden und in das Wasser geben. Mit Salz und Pfeffer würzen, Deckel daraufgeben und ca. 10 Minuten bei geringer Hitze köcheln lassen. Kurz bevor das Gemüse fertig ist den Deckel abnehmen, Schnittlauch zugeben und kurz blanchieren. Nun alles kalt abspülen und mithilfe des Schnittlauchs kleine Kohlrabibündel formen. Diese in einer gebutterten Schale im Ofen kurz erhitzen.

Anrichten und Garnieren

Das Püree in die Mitte des Tellers geben und den Ochsenschwanz darauf verteilen, mit der Sauce übergießen und das Kohlrabibündel daran anlegen. Die Meerrettichsauce tropfenförmig an den Tellerrand geben, mit einem Löffel einschneiden und die Crema di Balsamico mit einem anderen Löffel danebenziehen.

Hühnchenbrust à la Kiew mit Pilafreis und Babygemüse

4 Portionen

Die mit Abstand bekannteste kulinarische Spezialität aus Kiew ist das »Hühnchen à la Kiew« (котлетка по киевски). Die namensgebende Stadt hat allerdings sehr wenig dazu beigetragen. Das Originalrezept stammt von einem Franzosen, Nicolas Appert (1749 bis 1841), der als Koch für die russische Zarin Elisabeth I. arbeitete. Die Zarin liebte die französische Küche und Monsieur Appert kreierte dieses Gericht für sie, welches er »Côtelettes de volaille« nannte. Ende des 19. Jahrhunderts wurde dieses Rezept von New Yorker Restaurants in Hühnchen à la Kiew umbenannt, um die vielen russischen Emigranten anzulocken. Das Rezept kam dann während des Zweiten Weltkriegs nach Europa zurück und wurde Bestandteil der modernen russischen und ukrainischen Küche.

Hühnchenbrust

80 g Butter
1 TL Zitronensaft
2 EL gemischte Kräuter
2 Knoblauchzehen
4 Hühnerbrüste mit Flügelknochen
4 EL Mehl
2 Eier
8 EL Semmelbrösel
200 ml Rapsöl zum Frittieren
1 Zitrone
Salz, Pfeffer

Babygemüse

200 g Karotten

4 Babykohlrabi
8 Kaiserschoten
½ l Wasser
50 g Butter
etwas Zucker
Salz, Pffeffer

Pilafreis

500 g Reis
2 Schalotten
80 g Butter
1 l Mineralwasser mit Kohlensäure
Salz, Pfeffer
1 Zitrone und Schnittlauch zum Garnieren

Zubereitung

1 Die weiche Butter mit Salz, Pfeffer und Zitronensaft würzen. Feingehackte Kräuter und Knoblauch hinzugeben, gut untermischen und beiseitestellen. Die Hühnerbrüste waschen, trockentupfen, enthäuten und am Knochen mit einem Küchenmesser eine Tasche schneiden. Mit Salz und Pfeffer würzen, die Butter in die Tasche geben und kaltstellen, bis die Butter leicht fest geworden ist. Die Hähnchenbrüste in Mehl wenden, durchs verquirlte Ei ziehen und mit den Semmelbröseln panieren. Im heißen Frittierfett bei ca. 180 °C goldbraun ausbacken. Wer keine Fritteuse hat, kann auch eine Pfanne verwenden, (Vorsicht: brennt leicht an).

2 Den Reis vor dem Kochen 2 Stunden in eine Schüssel mit kaltem Wasser geben, danach waschen und abtropfen lassen. Den Backofen auf 180 °C vorheizen. Den Reis und die feingehackten Schalotten so lange mit der Butter in einem Topf anschwitzen, bis der Reis die Butter vollständig aufgesogen hat. Mit dem Mineralwasser ablöschen. Mit Salz und Pfeffer würzen und zugedeckt im Backofen ca. 20 Minuten garen lassen. Zum Schluss mit einer Gabel den Reis auflockern.

3 Karotten säubern, schälen, halbieren, in ca. 6 Zentimeter lange Stücke schneiden und diagonal im Bogen von einem zum anderen Ende zu einem Blatt schneiden. Die Babykohlrabi mit einem Küchenmesser säubern und die Kaiserschoten vom Strunk befreien. Alle Gemüse erst in Salzwasser blanchieren, dann in etwas Butter schwenken und würzen.

Anrichten und Garnieren

Zitrone waschen, in Ringe schneiden und im Ofen trocknen. Den heißen Reis in einen Ring geben und leicht andrücken. Die goldbraun gebackene Hühnchenbrust darauflegen, die Karottenblätter sowie die anderen Gemüse in Fächerform anlegen, mit getrockneten Zitronenscheiben und Schnittlauch garnieren. Man kann dieses Gericht sehr gut ohne Sauce genießen, da die gefüllte Hühnchenbrust sehr saftig ist. Wer trotzdem nicht auf Sauce verzichten mag, sollte dieses Mahl mit einer Calvados-Jus probieren (Rezept dafür siehe unter Schweinelende).

Hühnchencurry Masala mit Rosinen-Basmatireis

4 Portionen

Das diesem Gericht geschmackgebende Garam masala (auf Deutsch: heißes Gewürz) ist eine traditionelle Gewürzmischung der indischen Küche. Der Name geht auf die enthaltenen Gewürze zurück, die laut der Heilkunde Ayurveda den Körper erhitzen. Dazu zählen u. a. schwarzer Pfeffer, Kreuzkümmel, Zimt, Gewürznelken und Kardamom. Die Zutaten werden zunächst trocken in einer Pfanne geröstet, damit die ätherischen Öle und Geschmacksstoffe freigesetzt werden, und nach Abkühlung gemahlen. Garam masala hat eine tabakbraune Farbe, in vielen indischen Rezepten wird die Mischung als Grundkomponente verwendet, zu der noch weitere Gewürze hinzugefügt werden. Der gewünschte Schärfegrad wird durch die Zugabe von mehr oder weniger Chili erreicht. Garam masala erhält man als Pulver oder Paste ebenso im Asialaden wie Papadams und die Zutaten für Toor Dal. Wer Zeit sparen möchte, kann Toor Dal und Raita dort auch bereits fertig erwerben.

Hühnchencurry

4 Hühnchenbrustfilets à 150 g
4 TL Currypulver
2 EL Butter
2 EL Sesamöl
4 Zwiebeln
2 Zehen Knoblauch
3 cm frischer Ingwer
2 rote Chilischoten
2 Dosen Tomaten
1 Dose Kokosmilch (ca. 300 ml)
2 TL Garam masala
5 EL gemahlene Mandeln
Salz

Toor Dal mit Schalotten

175 g halbe gelbe Linsen
½ TL Kurkuma
3 EL Öl
175 g Schalotten
2 EL Tamarindenextrakt
1 ½ TL Salz
2 EL Curry
1 EL Butterfett
½ TL Kreuzkümmel
frisches Koriandergrün,
Papadams zum Anrichten

Basmatireis mit Rosinen

350 g Basmatireis
600 ml Wasser
1 EL Butter
1 Zehe Knoblauch
2 Schalotten
1 Stange Zimt
3 Sternanis
5 Gewürznelken
5 Kardamomkapseln
1 rote Chilischote
1 TL Kurkuma
2 EL Rosinen
2 EL Mandeln

Für das Raita

1 Zwiebel
2 Knoblauchzehen
1 EL Olivenöl
2 EL Zitronensaft
1 TL Koriander
1 TL geriebener Ingwer
250 ml Naturjoghurt
Salz, Pfeffer

Zubereitung

1 Die Hähnchenbrustfilets in 2–3 Zentimeter große Würfel schneiden und mit dem Currypulver »panieren«. Butter und Sesamöl in der Pfanne erhitzen, das Fleisch zügig goldgelb anbraten, aus der Pfanne nehmen und beiseitestellen. Zwiebeln hacken, Knoblauch und Ingwer im Mörser zerstampfen, Chilischoten feinschneiden. Alles in die Pfanne geben und anbraten. Garam masala hinzugeben, die Tomaten untermischen und mit Kokosmilch ablöschen. Alles gut verrühren und aufkochen lassen. Die Hähnchenwürfel zugeben und nur noch leicht köcheln lassen. Die gemahlenen Mandeln einrühren, das macht die Sauce wunderbar sämig! Mit Garam masala und Salz abschmecken. Wer es noch schärfer mag, gibt etwas Chilipaste oder -pulver dazu.

2 Die Butter in einem Topf schmelzen lassen, Zwiebeln und Knoblauch andünsten, den Reis hinzugeben und kurz mitdünsten. Mit Wasser aufgießen und die Gewürze im Ganzen hinzugeben. Reis je nach Marke gar kochen.

3 Linsen in 1 Liter Wasser mit Kurkuma 90 Minuten köcheln lassen. Schalotten in kleine Ringe schneiden und in Öl dünsten. 200 Milliliter Wasser, Tamarindenextrakt, Salz und Curry zufügen und kochen, bis die Schalotten gar sind. Mit den Linsen vermischen. Kreuzkümmel in Butterfett anbraten und über die Linsen geben.

4 Zwiebel sowie Knoblauch feinhacken und kurz im Olivenöl anbraten. Zitronensaft und Gewürze zugeben. Erwärmen, jedoch nicht kochen lassen, dann vom Herd nehmen und Joghurt unterrühren.

Anrichten und Garnieren

Den Reis mit einer Tasse formen und leicht versetzt zur Mitte auf den Teller stürzen. Das Koriandergrün feinhacken, dann das Hühnchencurry an den Reis geben und 2 Esslöffel Koriander darüber streuen. Die Linsen anlegen, das Curry mit etwas Raita übergießen, Papadam in kleine Stücke brechen und an den Reis stellen, mit etwas Koriander verzieren.

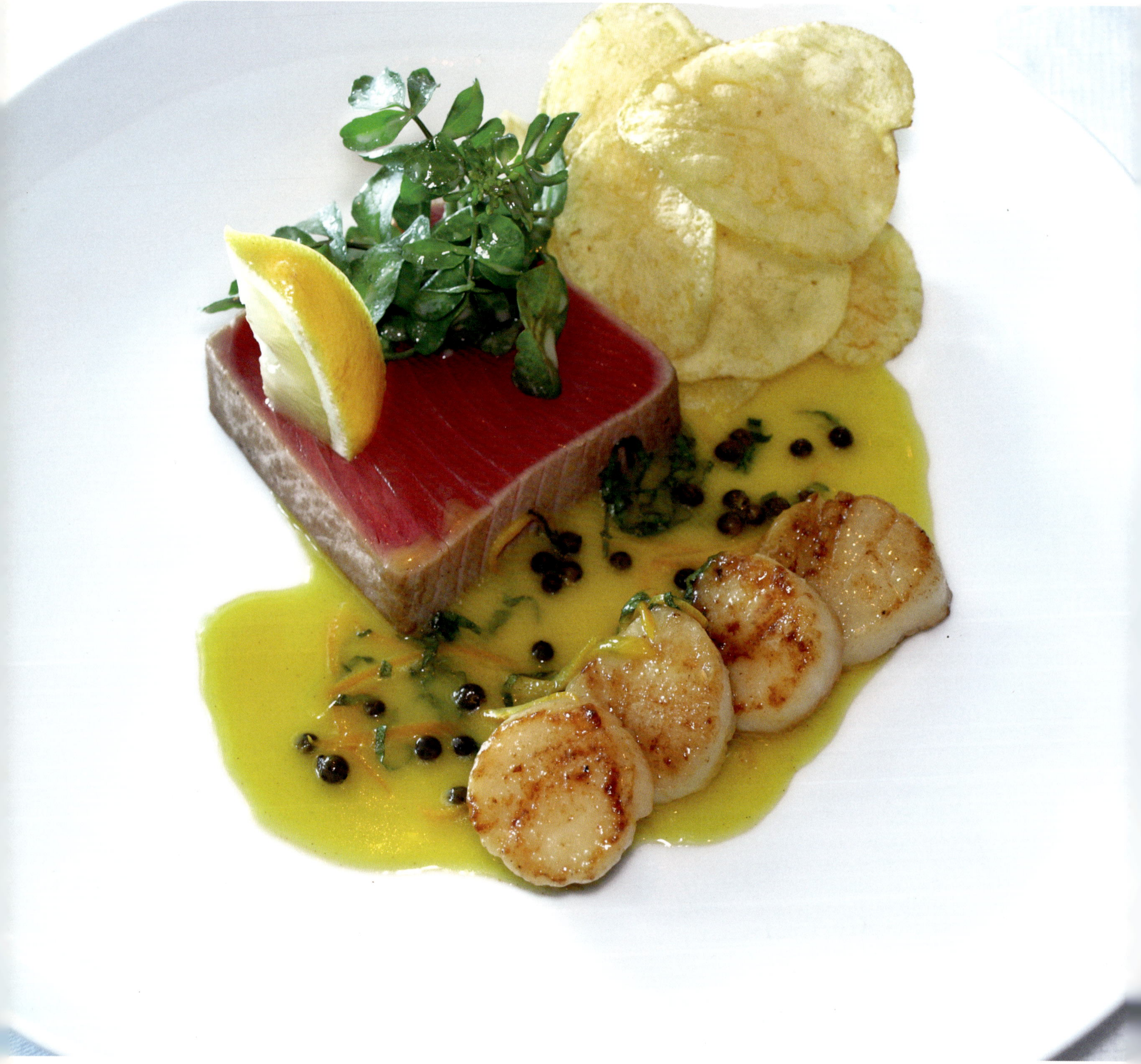

Duo von Jakobsmuscheln und Thunfisch an Orangenbutter mit Kartoffelchips

4 Portionen

Die Jakobsmuschel (Pecten jacobaeus) gehört zu den Kammmuscheln und hat ihren Namen vom heiligen Jakobus, dem Schutzpatron der Pilger. Auf Abbildungen trägt der Heilige die Jakobsmuschel am Hut oder am Gürtel, das Symbol war bereits im Mittelalter sehr bekannt. Als Pilgerzeichen ist die Muschel geschichtlich mit der Wallfahrt nach Santiago de Compostela, dem sogenannten Jakobsweg, verbunden, um damit an den Besuch des Grabs des heiligen Jakobus zu erinnern. Die Pilger benutzten die Muschel traditionell zum Wasserschöpfen. Als beste Fanggebiete gelten Zonen vor Schottland und Irland, Fangsaison ist von November bis März. In Südamerika werden verwandte Arten auch in Aquakulturen gezüchtet. Frische Muscheln sollten schwer und geschlossen sein. Verwendet werden nur der zylinderförmige weiße Muskelstrang zwischen den Klappen und der orangerote Rogen. Das Fleisch hat einen nussig-süßlichen Geschmack.

Für die Jakobsmuscheln

500 g ausgelöste Jakobsmuscheln
1 Limette
Salz, schwarzer Pfeffer
etwas Olivenöl
1 Zitrone zum Garnieren

Für den Thunfisch

400 g frischer Thunfisch
etwas Zitronensaft
etwas Olivenöl
Salz, Pfeffer

Für die Orangenbutter

6 Orangen
75 ml Orangensaft
1 EL frischer Basilikum
¼ l Weißwein
100 g Butter
2 EL grüne Pfefferkörner

Für die Kartoffelchips

250 g Kartoffeln
Salz, Pfeffer
etwas edelsüßes Paprika

Zubereitung

1 Die Jakobsmuscheln mit schwarzem Pfeffer, Salz und Limette würzen und in einer heißen Pfanne in ganz wenig Olivenöl kurz anbraten und ruhen lassen.

2 Das Thunfischfilet in Würfel schneiden (3 x 3 Zentimeter), mit Salz, Pfeffer und Zitronensaft würzen. Die Würfel in einer Pfanne in Olivenöl auf jeder Seite 2–3 Sekunden anbraten und in der Pfanne ruhen lassen. Der Thunfisch sollte innen unbedingt noch roh sein.

3 Von den Orangen die Zesten abtrennen und filetieren. Basilikum feinhacken. Den Weißwein auf ein Drittel einreduzieren lassen, danach mit Orangensaft aufgießen und wieder zur Hälfte reduzieren. Butter hinzugeben, mit Salz und Pfeffer abschmecken und zum Schluss grüne Pfefferkörner, Orangenfilets und Basilikum beigeben.

4 Aus den Kartoffeln mithilfe eines Sparschälers ganz dünne Scheiben schneiden und zuerst in der Fritteuse bei 150 °C blanchieren und auf Küchenkrepp abtropfen lassen. Dann bei 180 °C goldgelb frittieren und mit dem Gemisch aus Salz, Pfeffer und Paprika würzen. Wer keine Fritteuse besitzt, kann auch in der Pfanne hauchdünne Kartoffelscheiben braten.

Anrichten und Garnieren

Die Zitrone vierteln und so schneiden, dass sie aufrecht steht. Orangenbutter auf den Teller geben, auf die eine Seite die Jakobsmuscheln und auf die andere den Thunfisch legen. Die Chips oder Kartoffelscheiben anlegen, Zitronenviertel auf den Thunfisch stellen und mit Basilikumblättern garnieren.

Pochierter frischer Kabeljau auf Schnittlauchpüree an Avocadoespuma und Safran Beurre Blanc

4 Portionen

Espuma ist das spanische Wort für Schaum. Für die Zubereitung ist die Verwendung einer Siphonflasche bzw. eines sogenannten ISI-Sahnebehälters ideal, um das Avocadopüree schaumig zu bekommen. Man kann es allerdings auch ohne diese Geräte auf das Gericht geben, das Avocadomus ist dann etwas fester und nicht so schaumig-locker, dem Geschmack tut das keinen Abbruch.

Safran Beurre Blanc

2 Schalotten
1 EL Butter
2 EL Mehl
600 ml Fischfond, kalt
100 ml Weißwein (Riesling/Silvaner)
1 Beutel Safranfäden
200 ml Rahm
5 Zweige Dill
(die Hälfte als Dekoration aufbewahren)

Kabeljau

4 Kabeljaurückenfilets (à 150 g)
4 Zweige Thymian
100 ml Weißwein (Riesling/Silvaner)
200 ml Fischfond
2 Lorbeerblätter
Salz, Pfeffer aus der Mühle
1 Zitrone zum Garnieren

Avocadoespuma

1 reife Avocado
(man muss sie leicht eindrücken können)
3 Zitronen
etwas Wasser
Salz, Pfeffer

Zubereitung

1 Kabeljau kalt abspülen, trockentupfen und in 4 gleiche Teile portionieren. Alle Zutaten von Thymian bis Lorbeerblatt in eine weite Pfanne geben, leicht salzen, pfeffern und einmal kurz köcheln lassen. Fisch dazugeben, bei schwacher Hitze abgedeckt ca. 6 Minuten ziehen lassen. Den Fisch zur Zubereitung nur ziehen lassen, auf keinen Fall kochen!

2 Für die Sauce die Schalotten hacken, in Butter farblos dünsten, mit etwas Mehl bestäuben und kurz weiterdünsten. Mit Fond und Weißwein ablöschen. Safran dazugeben. Ungefähr 15 Minuten bei mittlerer Hitze köcheln lassen. Zum Fertigstellen den Rahm hinzugeben, mit dem Pürierstab gut aufschäumen, Dill feinhacken und zufügen.

3 Avocado halbieren, entkernen, schälen und in Würfel schneiden. Den Saft aus den Zitronen pressen, zusammen mit den Avocadostücken in einen Mixer geben, würzen und bei langsamer Zugabe des Wassers sehr fein pürieren.

4 Kartoffeln schälen, unter fließendem Wasser abspülen und in grobe Würfel schneiden. Nun in einen Topf geben, knapp mit Wasser bedecken, salzen und zum Kochen bringen. Ungefähr 20 Minuten auf mittlerer Hitze gar kochen. Das Wasser abgießen und die Kartoffeln etwas ausdampfen lassen. In einem 2. Topf Milch mit der Butter erwärmen, würzen und etwas Muskatnuss hinzufügen. Dann die Kartoffeln mit einem Kartoffelstampfer zerdrücken, die Milch unter das Kartoffelpüree geben, verrühren und mit frischem, gehacktem Schnittlauch verfeinern.

Anrichten und Garnieren

Die Zitrone schälen und in Scheiben schneiden. Das Püree auf einen Teller geben, den Fisch darauf legen und mit der Safran Beurre Blanc nappieren. Die Avocadomasse in einen ISI-Sahnebehälter geben, mit 2 Gaskartuschen unter Druck setzen und vorsichtig auf den Fisch spritzen. Mit einer Zitronenscheibe und dem restlichen gehackten Dill garnieren.

Kalbsfilet in Sauerampferkruste mit grünem Spargel und Morchelragout auf Rösti

4 Portionen

Der Sauerampfer (Rumex acetosa) ist ein Wildkraut, das bereits im Altertum von Ägyptern, Römern und Griechen genutzt wurde, um bei Festmahlen den zu reichlichen Genuss von fetten Speisen auszugleichen. Im Mittelalter wurde er vor allem bei Fieberkrankheiten als Arznei genutzt, denn Sauerampfer enthält roh fast so viel Vitamin C wie die Zitrone und baut dadurch Abwehrkräfte auf, außerdem wirkt er blutreinigend und entschlackend. Seefahrer nutzten die Pflanze, um sich vor Skorbut zu schützen. Die jungen, etwas säuerlich schmeckenden Blätter und Sprosse sind zum Verzehr geeignet. Sauerampfer wird wie Spinat zubereitet oder für Salat oder Suppe verwendet. Allerdings sollte er aufgrund seines hohen Oxalsäuregehaltes von Nieren- und Rheumakranken gemieden werden. Da auch die Aufnahme von Eisen aus der Nahrung behindert wird, sollte man auch bei Eisenmangelerkrankungen darauf verzichten. Sauerampfer darf nicht in einem Eisentopf gekocht werden, das Kraut erhält dann einen unangenehmen metallischen Geschmack.

Spargel-Morchelragout

250 g Morcheln
1 kg grüner Spargel
50 g Butter
2 TL Mehl
200 ml Sahne
½ Zitrone
4 Zweige Oregano
Salz, Pfeffer
etwas Zucker

Kräuterkruste

50 g Sauerampfer
(im gut sortierten Supermarkt oder auf dem Wochenmarkt erhältlich)
4 EL Olivenöl
100 g weiche Butter
80 g Toastbrot
Salz, Pfeffer

Für die Rösti

800 g Kartoffeln
4 EL Butter
1 Zwiebel
100 g grob geriebener Emmentaler
Salz, Pfeffer

Kalbsfilet

600 g fein gesäubertes Kalbsfilet
4 EL Olivenöl
Salz, Pfeffer
etwas Balsamico-Creme
8 Kirschtomaten,
Schnittlauchstängel für die Garnitur

Zubereitung

1 Die Sauerampferblätter in kochendem Wasser kurz blanchieren und kalt abspülen, dann grobhacken und mit dem Olivenöl zusammen feinpürieren. Butter schaumig schlagen und mit der Sauerampfermasse mischen. Rand vom Toastbrot abtrennen und Rest fein zerbröseln. Mit Salz und Pfeffer würzen und die Toastbrotbrösel untermischen. Die Masse nun in einen Gefrierbeutel füllen, ca. 3 Millimeter dick ausrollen und kaltstellen.

2 Morcheln gründlich säubern und halbieren, beiseitestellen. Den grünen Spargel in einem Topf mit Wasser, Salz und etwas Zucker etwa 12 Minuten garen. Die Stangen herausnehmen und in Stücke schneiden. Den Spargelsud durch ein Sieb gießen und 300 Milliliter davon abmessen. Butter in einem Topf aufschäumen lassen, das Mehl einstreuen und nach und nach zuerst den Spargelsud, dann die Sahne unterrühren, bis eine sämige Sauce entsteht. Zitrone auspressen, dann mit Salz, Pfeffer aus der Mühle und Zitronensaft kräftig würzen. Spargelstücke und Morcheln zugeben, Oregano unterheben und das Ragout warmhalten.

3 Kartoffeln kochen, bis sie etwa halb gar sind, dann pellen, durch eine grobe Reibe drücken und mit etwas Salz sowie Pfeffer würzen. Zwiebel schälen, in Streifen schneiden und in Butter glasig dünsten. Die geriebenen Kartoffeln zugeben und mit den Zwiebeln vermischen. Die Masse zu runden Fladen formen und beidseitig hellbraun braten. In der Zwischenzeit Emmentaler reiben, über die festen Rösti verteilen und zugedeckt schmelzen lassen.

4 Das Filet mit Salz und Pfeffer würzen und rundum in heißem Öl anbraten. Das Fleisch aus der Pfanne nehmen und im vorgeheizten Backofen bei 150 °C Umluft etwa 15 Minuten garen. Anschließend das Filet mit der Sauerampferkruste belegen und unter dem vorgeheizten Backofengrill oder bei Oberhitze (falls es keine Grillfunktion gibt) 3–4 Minuten gratinieren.

***Tipp:** Ich empfehle, das Kalbsfilet auf keinen Fall weiter als medium zu braten, damit es schön zart und saftig bleibt.*

Anrichten und Garnieren

Tomaten blanchieren, dann das gratinierte Filet in Tranchen schneiden, das Rösti auf die Mitte des Tellers geben und die Filettranchen darauf anrichten. Das Spargel-Morchel-Ragout dazugeben und mit Kirschtomaten und Schnittlauch verzieren. Rundum dünne Streifen Balsamico-Creme geben.

Lammrücken in Kräuterkruste mit Kartoffel-Millefeuille und Babygemüse

4 Portionen

Lammjus

200 g Lammknochen und Parüren
(kleine Fleischreste ohne Fett, beim Metzger bestellen)
200 g Wurzelgemüse
2 Schalotten
2 Knoblauchzehen
200 ml Rotwein
10 weiße Pfefferkörner
3 Lorbeerblätter
1 Prise Zucker
1 l Brühe aus dem Glas
3 Thymianzweige
1 Rosmarinzweig
40 g Butterschmalz
etwas Tomatenmark
Salz, Pfeffer

Kartoffel-Millefeuille

900 g Kartoffeln
100 g Butter
1 große Zwiebel
150 g grüne Bohnen
8 Babykarotten
Salz, Pfeffer

Lammrücken

800 g Lammrückenfilet
2 Bund Petersilie
2 EL mittelscharfer Senf
2 Knoblauchzehen
2 EL Zitronensaft
Salz, Pfeffer
Butterschmalz zum Anbraten
1 Rosmarinzweig

Zubereitung

1 Fleisch abspülen, trockentupfen, mit Salz und Pfeffer würzen und in Butterschmalz von allen Seiten anbraten, leicht abkühlen lassen. Petersilie waschen und trocknen, Knoblauch schälen. Petersilie und Knoblauch feinhacken und den Zitronensaft unterrühren, davon etwas für das Garnieren aufbewahren. Dann das Filet mit Senf bestreichen und die Petersilien-Knoblauch-Mischung darauf verteilen – dabei fest andrücken. Im vorgeheizten Backofen bei 180 °C ca. 15 Minuten braten. Anschließend zugedeckt 5 Minuten ruhen lassen.

2 Die Kartoffeln mit einer Reibe in 2 Millimeter dicke Scheiben schneiden, die Zwiebel feinhacken und alles in der zerlassenen Butter schwenken. Mit Salz und Pfeffer würzen und in eine Auflaufform geben. Bei 200 °C backen, bis sie gleichmäßig braun und zart sind. Überschüssige Butter abgießen und die Kartoffeln rund mit etwa 6–10 Zentimeter Durchmesser ausstechen (richtet sich nach Größe des Lammfilets, das darauf platziert wird). Die Bohnen und geschälten Babykarotten 6 Minuten kochen, eiskalt abschrecken. Gut abtropfen lassen und zusätzlich mit Küchenkrepp trocknen. Butter in einer Pfanne schmelzen, Bohnen und Karotten darin erhitzen, gut durchschwenken, dabei mit Pfeffer und Salz würzen.

3 Die Knochen und Parüren in Butterschmalz in einem Topf im Backofen bei 240 °C Ober-/Unterhitze rundherum braun rösten. Die braunen Knochen und das überschüssige Fett durch ein Sieb gießen. Wurzelgemüse und Schalotten in kleine Würfel schneiden, Knoblauchzehen und Pfefferkörner mit der Gabel zerdrücken. Schalotten, Gemüse und Knoblauch im zurückbehaltenen Topf ebenfalls anbraten, Tomatenmark hinzugeben, mit Rotwein angießen und einkochen. Knochen, Parüren, Pfefferkörner, Lorbeer, wenig Salz und eine Prise Zucker dazugeben. Mit Brühe aufgießen und ca. 2 Stunden sanft köcheln lassen. Anschließend auf ein feines Sieb gießen und sorgfältig abtropfen lassen. Die Sauce bis zur gewünschten Konsistenz reduzieren (manche mögen es dünn), Thymian und Rosmarin hinzugeben und 15 Minuten ziehen lassen. Die Kräuter herausnehmen und bei Bedarf mit Salz und Pfeffer würzen.

Anrichten und Garnieren

Den Rosmarinzweig in 4 Stücke schneiden. Die Kartoffelscheiben in die Mitte des Tellers geben, das Lamm in gleich große Stücke schneiden und pro Teller 2 Stücke auf die Kartoffeln setzen und mit dem frischen Rosmarin garnieren. Babykarotten kreuzweise anlegen, die Bohnen stapeln. Den Jus daran geben und etwas von der Petersilien-Knoblauch-Sauce an den Tellerrand träufeln.

Langustenschwanz an Senfsauce mit frischem Blattspinat

4 Portionen

Für die Langusten

4 Langustenschwänze (je 300–400 g)
Salz, Pfeffer, Paprika

Für die Senfsauce

120 g Butter
1 Zwiebel
1 Prise Chilipulver
3 EL Dijonsenf
1 EL Weißweinessig
100 ml trockener Weißwein
150 ml Sahne
frische Petersilie
Meersalz, Pfeffer

Für den Blattspinat

300 g frischer Blattspinat
½ Schalotte
1 Knoblauchzehe
etwas Butter,
Salz, Pfeffer, Muskat

Für das Baguette

1 französisches Baguette
etwas weiche Butter

Zubereitung

1 Die Langusten der Länge nach halbieren, sodass die Schwanzblätter noch am Fleisch bleiben. Nun die Schale entfernen und das Fleisch ineinanderdrehen, sodass die Blätter nach oben stehen. Dann mit einem Gemisch aus Salz, Pfeffer und Paprika würzen. Im Ofen bei 160 °C Umluft 4 Minuten backen und an einen warmen Ort stellen.

2 Zwiebel und Petersilie hacken. Die Butter in einer Pfanne schmelzen, 2 Esslöffel der gehackten Zwiebeln, Chili, Senf und Essig zugeben, vermischen und köcheln lassen. Mit dem Weißwein ablöschen, Sahne hinzugeben und erneut leicht einkochen. Einen Teelöffel der gehackten Petersilie zugeben (restliche Petersilie für das Baguette aufbewahren), mit Meersalz sowie Pfeffer würzen und mit dem Mixstab pürieren. Dann die Langustenschwänze zugeben und auf kleinster Flamme etwa 4 Minuten lang fertiggaren.

3 Schalotten und Knoblauch feinhacken, den Spinat gut waschen und in einer separaten großen Pfanne mit der Butter sowie je 1 Esslöffel Zwiebeln und Knoblauch anschwitzen. Mit Salz, Pfeffer und Muskat abschmecken.

4 Butter mit der restlichen Petersilie vermischen, das Baguette der Länge nach halbieren, mit der Petersilienbutter bestreichen und unter dem Ofengrill gratinieren.

Anrichten und Garnieren

Tomaten sowie Zitronen durchschneiden, den Spinat mithilfe eines Rings in die Tellermitte geben und den Langustenschwanz darauflegen. Die Sauce angießen, Baguette anlegen und die Languste mit 1 Tomatenhälfte und etwas Kresse garnieren. Zitronenhälfte an den Tellerrand legen.

Ossobuco alla Milanese an Safranrisotto und Salat vom jungen Blattspinat

4 Portionen

Ossobuco, eine mit Fleisch und Knochen geschmorte Kalbshachse, ist ein typisches Beispiel für die Küche der Lombardei. Ossobuco bedeutet wörtlich »Knochen mit Loch«, nach dem Hohlknochen, der die Hachse durchzieht. Traditionell wird das Fleisch mit Safranrisotto (auch als Risotto alla Milanese bekannt) kombiniert. Nur wenn Fleisch und Gemüse sachte und mit Geduld angeschmort werden, ergibt sich der unvergleichlich aromatische Geschmack, abgerundet durch das ausbratende Fett des Markknochens. Am besten verwendet man zur Fleischzubereitung eine schwere, flache Kasserolle oder einen flachen Bratentopf mit festschließendem Deckel, der die Hachsenscheiben aufrecht stehend in einer Schicht fassen kann.

Ossobuco

4 Kalbshachsenscheiben (ca. 4 cm Stärke)
4 Karotten
4 Stangen Staudensellerie
1 kg Tomaten
1 Bund glatte Petersilie
4 EL Butter
2 EL Mehl
6 EL Olivenöl
¼ l trockener Weißwein
¼ l kräftige Fleischbrühe
3 Zwiebeln
3 Knoblauchzehen
je ½ TL getrockneter Thymian und Oregano
2 Lorbeerblätter
2 Gewürznelken
Salz, schwarzer Pfeffer aus der Mühle

Safranrisotto

300 g Risottoreis (Aboro)
1 Zwiebel
2 Knoblauchzehen
½ l Gemüsebrühe
½ l Tomatensaft
100 ml Weißwein
2 EL frischer Parmesan
2 EL Butter
1 Päckchen Safranfäden
Olivenöl zum Anbraten
Salz, Pfeffer

Gremolata

2 unbehandelte Zitronen
2 Bund Petersilie
5 Knoblauchzehen
Salz, schwarzer Pfeffer aus der Mühle
½ Bund Basilikum für die Garnitur

Salat und Dressing

200 g junger Blattspinat
1 rote Zwiebel
20 ml Essig
½ TL Senf
½ TL Honig
40 ml Öl
Salz, Pfeffer

Zubereitung

1 Tomaten vierteln und entkernen, Karotten sowie Zwiebeln schälen und würfeln, Staudensellerie und Knoblauch in kleine Scheiben schneiden. Im Bräter bei mäßiger Hitze 4 Esslöffel Butter zerlassen. Sobald das Fett klar ist, das gewürfelte Gemüse unter Rühren darin so lange anschmoren, bis es leicht gebräunt ist. Bräter vom Herd nehmen. Die Kalbshachsen waschen, abtrocknen, mit Küchengarn rundbinden. Mit Salz und Pfeffer würzen, anschließend in Mehl wenden und abklopfen, um die Scheiben von überschüssigem Mehl zu befreien. In einer Bratpfanne in Olivenöl von beiden Seiten bei mäßiger Hitze hellbraun braten. Herausnehmen und auf das angebratene Gemüse setzen. Das Öl aus der Pfanne abgießen. Bratfond mit ¼ Liter Weißwein aufkochen, dabei rühren, bis der Satz aufgelöst und der Wein auf 4–6 Esslöffel Flüssigkeit eingekocht ist. Den Backofen auf 175 °C Umluft vorheizen. Petersilie hacken, Pfannenfond mit der Fleischbrühe aufgießen, gehackte Petersilie, Thymian, Oregano, Lorbeerblätter, Gewürznelken und Tomatenwürfel dazugeben. Aufkochen und mit Salz und Pfeffer würzen. Die Sauce über die Fleischstücke gießen. Auf dem Herd aufkochen. Deckel auflegen und in den auf 160 °C vorgeheizten Ofen auf die mittlere Schiene schieben. 2½ Stunden schmoren lassen, dabei alle 30 Minuten die Hachsen mit etwas Fleischbrühe übergießen.

2 Schale von 2 unbehandelten Zitronen fein abraspeln. Petersilie feinhacken, Knoblauchzehen durchpressen. Alles gut vermischen und mit Salz und Pfeffer abschmecken.

3 Den Spinatsalat erst kurz vor dem Servieren mischen, damit er frisch und knackig bleibt. Zwiebel feinhacken, dann den Essig, etwas Wasser, Senf, Honig, gehackte Zwiebel, Salz und Pfeffer in ein verschließbares Glas geben und kräftig schütteln. Den Blattspinat putzen, waschen, abtropfen lassen und in der Vinaigrette marinieren.

4 Zwiebel und Knoblauch in feine Ringe schneiden. Das Öl in einen Topf geben, Zwiebel und Knoblauch darin andünsten. Reis dazugeben und glasig werden lassen. Safran hinzugeben und unter ständigem Rühren immer wieder mit Brühe und Tomatensaft ablöschen. Mit Salz und Pfeffer würzen, Wein hinzugeben. Je nach Reissorte das Risotto 14–18 Minuten garen lassen. Parmesan feinreiben, aber erst kurz vor dem Servieren 2 Esslöffel daruntergeben.

Anrichten und Garnieren

Basilikum sehr fein schneiden. Das Fleisch vom Knochen trennen, das Mark aus demselben entnehmen und an einen warmen Platz legen. Das Risotto in die Mitte des Tellers geben und das Ossobucofleisch daranlegen, mit der Sauce aus dem Bräter begießen und mit dem Löffel zum Tellerrand hin eine Halbkurve ziehen. Darauf den Spinat legen, dann das Mark auf das Fleisch geben, die Gremolata darüberziehen und mit dem Basilikum bestreuen.

Rehrücken im Pilzmantel an Baba Ghanoush auf Kartoffelplätzchen und Cranberry-Wildjus

4 Portionen

Wildgerichte sind auf der QUEEN MARY 2 besonders bei Europäern gefragt. US-Amerikaner dagegen essen am häufigsten Rindfleisch. Diese Variante lieben aber auch sie vor allem wegen der köstlichen Cranberrysauce, die besonders gut mit dem leicht säuerlichen Baba Ghanoush harmoniert.

Wenn keine Cranberrys erhältlich sind, kann man auch Preiselbeeren verwenden. Baba Ghanoush ist eine Auberginenpaste aus der arabischen Küche, die als Dip oder Beilage verwendet wird.

Für den Cranberry-Wildjus

1 Glas Wildfond
50 ml Portwein
1 EL Cranberrys (wahlweise Preiselbeeren)
50 g eiskalte gewürfelte Butter
1 TL gehackter Thymian
etwas Zucker
Salz, Pfeffer

Für das Baba Ghanoush

2 Auberginen
1 EL Zitronensaft
2 Knoblauchzehen
1 EL Olivenöl
½ Bund Petersilie
½ Zitrone
Salz, Pfeffer

Für die Kartoffelplätzchen

4 mittelgroße Kartoffeln
2 EL Zwiebeln
1 TL Petersilie
etwas Butter
Salz, Pfeffer

Für den Rehrücken

600 g Rehrückenfilet
150 g Portobellopilze
3 EL weiche Butter
Salz, Pfeffer
Rosmarinzweige

Zubereitung

1 Die Pilze putzen, entstielen und in dünne Scheiben schneiden. Den Rehrücken würzen und schuppenartig mit den Pilzscheiben belegen. Nun zuerst in eine mit Butter bestrichene Klarsichtfolie, anschließend fest in Alufolie wickeln. In einem Wasserbad bei 80 °C ca. 6–8 Minuten pochieren, dann zehn Minuten bei 130 °C im Ofen nachgaren. Das Fleisch an einem warmen Platz ruhen lassen, dann auswickeln und vor dem Servieren in 2 Esslöffeln Butter kurz nachbraten.

2 In die Aubergine kleine Löcher stechen und im Backofen etwa eine ½ Stunde grillen. Herausnehmen und mit einem Löffel das weiche Auberginenfleisch von der Schale entfernen. Das Fleisch sehr fein hacken oder mit der Gabel zerdrücken, bis es eine püreeartige Konsistenz bekommt. Knoblauchzehen und Petersilie hacken, Zitrone auspressen und mit dem Olivenöl untermischen, dann mit Salz und Pfeffer würzen.

3 Kartoffeln schälen, in dünne Streifen schneiden und in Salzwasser blanchieren. Zwiebeln und Petersilie hacken. Kartoffeln in eine Schüssel geben, mit Salz, Pfeffer, Petersilie und Zwiebeln mischen. Runde, flache Plätzchen formen und in Butter goldbraun braten.

4 Den Wildfond mit dem Portwein etwas reduzieren, Cranberrys waschen und in Zucker schwenken, hinzugeben und weiter einreduzieren lassen. Thymian hacken, dann zum Binden der Sauce die eiskalte Butter untermontieren (mit einem Schneebesen aufschlagen bzw. einrühren), würzen und den Thymian hinzugeben.

Anrichten und Garnieren

Das Kartoffelplätzchen auf den Teller geben, den tranchierten Rehrücken daraufsetzen. Das Baba Ghanoush seitlich angeben und die Cranberrysauce darüberträufeln. Vor dem Servieren mit einem Rosmarinzweig garnieren.

Gebratenes Rotbarschfilet »Maya-Art«

4 Portionen

Die Orlean-Samen, die für die Marinade benötigt werden, sind in Lateinamerika unter dem Namen Achiote bekannt. Sie stammen von dem bis zu fünf Meter hohen Strauch Annatto (Bixa orellana). Der wissenschaftliche Name geht auf den spanischen Konquistador Francisco Orellana zurück, der mit Pizarro die Inka unterwarf und 1541 als erster Europäer den Amazonas entdeckte. Der deutsche Name soll durch die Verwechslung des spanischen Namens mit der französischen Stadt Orleans entstanden sein. Die Samen der herzförmigen Schote werden von den indigenen Völkern Lateinamerikas seit alters her als Gewürz und vor allem als natürlicher Farbstoff verwendet. Neben ritueller Körperbemalung wurde das leuchtende Rot zum Schutz gegen Sonnenbrand, zur Insektenabwehr und Färben der Haare genutzt. Die Industrie nutzt ihn als Rohstoff für die Herstellung von Lippenstiften, auf Englisch heißt die Pflanze daher »Lipstick tree«. Achiote hat einen relativ schwachen, aber charakteristisch erdigen Geschmack und verleiht den Speisen zugleich eine schöne Farbe.

Für den Fisch

4 Rotbarschfilets ohne Haut
15 getrocknete Lorbeerblätter

Für die Garnitur
2 Limetten
4 Tomaten

Für die Süßkartoffeln

750 g Süßkartoffeln
60 g Butter
30 ml Limettensaft
1½ EL Zucker
80 ml Tequila

Für die Salsa Cruda

400 g Tomaten
1 mittelgroße Zwiebel
1 feingehackte grüne Chilischote
1½ EL frischer, gehackter Koriander
1 EL Zitronensaft
1 TL Zucker
Salz
frische Minzeblätter oder Zitronenmelisse und Chilisauce zum Garnieren

Für die Marinade

4 EL Orlean-Samen (Achiote-Paste)
1 EL schwarze Pfefferkörner
1 TL Pimentkörner
8 Knoblauchzehen
1½ EL getrockneter Oregano
1 TL Kreuzkümmel
½ gemahlene Nelke
1 Stange Zimt (in Stückchen)
1 EL Schmalz
1 Orange
1 Grapefruit
½ Tasse milder Essig

Zubereitung

1 Die entgräteten Fischfilets säubern, die Lorbeerblätter für 30 Minuten auflegen und in den Kühlschrank stellen. Die Fische in einer flachen Schale mit der Marinade (s. u.) begießen, erneut mit Lorbeerblättern bedecken und über Nacht im Kühlschrank ziehen lassen.

2 Knoblauchzehen schälen, eine davon im Backofen rösten. Dann Orange und Grapefruit auspressen und eine Mischung aus einer Tasse Orangensaft, ½ Tasse Grapefruitsaft und ½ Tasse mildem Essig herstellen.

3 Alle anderen Zutaten für die Marinade in einer Gewürzmühle oder einem Mixer zerkleinern und zu einer glatten Paste verarbeiten, Schmalz hinzugeben und mit der Saftmischung verdünnen.

4 Die Fische anbraten und anschließend 45–60 Minuten in einer Auflaufform backen, während dieser Zeit immer wieder mit der Marinade bestreichen.

5 Die geschälten Süßkartoffeln in Scheiben schneiden und in Butter 5 Minuten anbraten. Die übrigen Zutaten beifügen und durchmischen. So lange bei offenem Deckel unter gelegentlichem Wenden weitergaren, bis die Kartoffeln zwar weich sind, aber nicht zerfallen.

6 Tomaten enthäuten, entkernen und würfeln. (Zum Enthäuten der Tomaten: Tomaten kreuzweise einschneiden und kurz blanchieren, kalt abschrecken und mithilfe eines Küchenmessers die Haut abziehen.) Dann Tomaten, Zwiebeln, Chili, Koriandergrün, Zitronensaft, Zucker und etwas Salz in einer Schüssel mischen.

Anrichten und Garnieren

Limetten schälen und in Scheiben schneiden, Tomaten in Scheiben schneiden. Die Süßkartoffeln in die Mitte des Tellers geben, den Fisch darauf anrichten und mit den Tomaten und Limetten bedecken. Mit der Salsa Cruda bedecken, Minzeblätter auflegen und etwas Pfeffer aus der Mühle über den Teller geben. Etwas Chilisauce an den Tellerrand geben und mit einem Löffel einschneiden.

Scaloppine al Limone mit Tomatenrisotto und Raukesalat

4 Portionen

Scaloppine, dünne Kalbsschnitzel, gehören zum festen Bestandteil der italienischen Küche. Achten Sie bei diesem Rezept besonders auf die Qualität des Kalbfleisches, damit die zarten Schnitzel beim Braten in der Pfanne nicht allen Saft verlieren. Die Schnitzel sollten am besten vom Rücken (Roastbeef-Stück) und nicht viel dicker als einen ½ Zentimeter sein. Gegebenenfalls lässt man sie sich vom Metzger auf der Maschine schneiden.

Scaloppine

8 dünne Kalbsschnitzel (je 70 g)
3 EL Olivenöl
125 ml Weißwein
125 ml Kalbsfond
30 g frische Kapern
1 Zitrone
etwas Mehl
Salz, Pfeffer

Tomatenrisotto

300 g Risottoreis (Arborio)
1 Zwiebel
2 Knoblauchzehen
2 Tomaten
½ l Gemüsebrühe
½ l Tomatensaft
2 EL geriebener Parmesan
½ Bund Basilikum
1 Rosmarin
2 EL Butter
Olivenöl zum Anbraten
Salz, Pfeffer

Rauke-Champignon-Salat

200 g Raukesalat
100 g Champignons
50 ml Balsamico
100 ml Olivenöl
1 TL Senf
etwas Wasser
Zucker, Salz, Pfeffer
Crema di Balsamico

Zubereitung

1 Die Zitronenschale reiben und Saft auspressen. Kalbsschnitzel zwischen Frischhaltefolie flachklopfen. Olivenöl mit 2 Esslöffeln Zitronensaft verrühren und über die Schnitzel gießen, 10 Minuten marinieren, dabei 1-mal wenden, abtropfen lassen, Marinade auffangen und die Schnitzel mit Küchenpapier trockentupfen. Olivenöl in einer großen beschichteten Pfanne erhitzen. Die Schnitzel kurz in Mehl wenden und von beiden Seiten bei starker Hitze 2 Minuten braten. Herausnehmen und mit Salz und Pfeffer würzen. Im Backofen zugedeckt warmstellen. (Die Kalbsschnitzel wirklich nur sehr kurz braten, da sie weiter ziehen und bei zu langem Garen ansonsten trocken werden.)
Den Bratsatz mit Fond, Weißwein und Marinade ablöschen, das Geriebene der Zitronenschale zugeben. Flüssigkeit offen 5 Minuten einkochen lassen, Kapern mit der Gabel zerdrücken und zufügen. Mit Salz und Pfeffer abschmecken.

2 Zwiebeln sehr fein schneiden, das Öl in einen Topf geben und Zwiebel darin andünsten. Reis dazugeben und glasig werden lassen. Dann unter ständigem Rühren immer wieder mit Brühe und Tomatensaft ablöschen. Mit Salz und Pfeffer würzen. Je nach Reissorte das Risotto 14–18 Minuten garen lassen. Die Tomaten entkernen und in feine Würfel schneiden, Basilikum feinschneiden und beides beiseitestellen. Am Ende der Garzeit Tomatenwürfel, Butter, Parmesan und Basilikum unter das Risotto mischen.

3 Den Raukesalat waschen und abtropfen lassen. Die Champignons in Scheiben schneiden, Balsamico mit Olivenöl, Senf, Wasser und Gewürzen mixen. Dann Raukesalat und Champignons im Balsamico-Olivenöl-Gemisch wenden.

Anrichten und Garnieren

Risotto auf den Teller geben, die Schnitzel darauf legen und mit der Sauce überziehen. Vor dem Servieren den marinierten Raukesalat anlegen, 2 Limettenscheiben mit einem Basilikumblatt und 2 gekreuzten Kapern obenaufsetzen. Teller rundum mit Crema di Balsamico verzieren.

Ofengebratene Schweinelende an Calvadosjus, Zucchinigemüse, Kirschtomaten und Kartoffel-Käse-Rösti

4 Portionen

Calvados ist die kontrollierte Ursprungsbezeichnung für den in der Normandie hergestellten Brand aus Apfelwein (frz. Cidre). Französische Bauern brannten das aromatische Getränk seit vielen Jahrhunderten, aber erst seit 1553 wurde Calvados von Gilles de Gouberville erstmals schriftlich erwähnt, und zwar als kostbare Arznei. Erst zu Beginn des 19. Jahrhunderts nahm der Apfelbrand den Namen Calvados an, nach dem Departement, in dem er am meisten erzeugt wurde. Calvados darf nur aus 11 genau definierten Gebieten stammen, zugelassen sind bei der Herstellung nur 48 verschiedene Apfelsorten, der Alkoholgehalt liegt bei 40–45 %.

Schweinefilet

1 kg Schweinefilet
20 g Dijonsenf
etwas Wasserkresse
etwas Öl
Salz, Pfeffer

Kartoffel-Käse-Rösti

300 g mehlige Kartoffeln
20 g Gruyerekäse
10 g Zwiebeln
Salz, Pfeffer

Calvadosjus

500 g Ochsenschwanz, kleine Stücke
100 g Zwiebeln
100 g Möhren
¼ Knollensellerie
1 Bund Petersilie
20 g Tomatenmark
½ l Rotwein
½ l Wasser
250 ml Calvados
Thymian, Majoran,
Oregano,Lorbeerblatt
Salz, Pfeffer
etwas Öl

Zucchini

2 Zucchini
20 Kirschtomaten
1 TL Petersilie
etwas Butter
Salz, Pfeffer

Zubereitung

1 Einen Bräter erhitzen und die Knochen darin mit etwas Öl stark bräunen, das Gemüse hinzugeben und weiter rösten, bis Knochen und Gemüse gut Farbe haben. Das Tomatenmark hinzugeben, mit Rotwein ablöschen und reduzieren. Diesen Vorgang nochmals wiederholen, dann mit dem Wasser aufgießen. Mit den Kräutern einen Gewürzbeutel füllen, hinzugeben und Flüssigkeit bis zur Hälfte reduzieren. Die verbleibende Flüssigkeit durch ein Tuch passieren und abschäumen. Würzen und mit Calvados verfeinern. Den Calvados unbedingt erst kurz vor Vollendung der Sauce beigeben, nur dann kommt der Geschmack voll zur Geltung.

2 Das Filet vom Fett befreien, mit Salz und Pfeffer würzen, dann in einer heißen Pfanne mit etwas Öl von allen Seiten gut anbraten. Mit Senf einstreichen und im Ofen bei 100 °C Niedrigtemperatur für 12–15 Minuten medium braten. Nach dem Braten an einem warmen Ort kurz ruhen lassen und in 4 gleich große Stücke schneiden.

3 Kartoffeln in Salzwasser halb fertigkochen, die Zwiebeln feinhacken. Anschließend die Kartoffeln auf einer groben Reibe reiben. Etwas Butter und Öl in eine heiße Pfanne geben, den Kartoffelmix 1 Zentimeter dick und rund darin verteilen. Wenden, wenn die Unterseite goldbraun ist, und herausnehmen, wenn die andere Seite ebenso goldbraun ist. Mit dem gehobelten Gruyerekäse bestreuen und kurz unter dem Grill oder im Ofen überbacken.

4 Die Zucchini an den Enden abschneiden und längs halbieren, dann quer in der Mitte teilen und von der einen zur anderen Spitze halbrund einschneiden. Dann die Kirschtomaten mit Stielen und Zucchini in einer Pfanne mit etwas Butter anschwenken, die gehackte Petersilie dazugeben und würzen.

Anrichten und Garnieren

Das Rösti in die Mitte des Tellers geben, die in Butter geschwenkten Gemüse daranlegen und das Schweinefilet hochkant auf dem Rösti platzieren. Dann etwas Jus an den unteren Teil des Tellers geben und mit der Wasserkresse garnieren. Mit einem Löffel von dem Jus dekorative Kreise um den Teller ziehen.

Steinbutt auf Artischockenrisotto an Brunnenkressesauce und Kirschtomaten

4 Portionen

Für den Steinbutt

4 Steinbuttfilets (je 160 g)
4 Jakobsmuscheln
8 Kirschtomaten
4 EL Olivenöl
4 EL Butter
etwas frischer Basilikum
Salz, Pfeffer
1 Zitrone für die Garnitur

Für die Sauce

80 g Brunnenkresseblätter
80 g Butter
¼ l Geflügelfond aus dem Glas
80 g Schalotten
50 g mehlige Kartoffeln
etwas Olivenöl
Salz, Pfeffer

Artischocken-Risotto

300 g Risottoreis (Arborio)
1 Zwiebel
1 Knoblauchzehe
1 Dose Artischockenherzen
1 l Gemüsebrühe
2 Tomaten
frischer Parmesan
½ Bund glatte Petersilie
Olivenöl zum Anbraten
Salz, Pfeffer

Zubereitung

1 Die Kirschtomaten kurz mit heißem Wasser übergießen, schälen und in Olivenöl leicht glasig dünsten. Mit Salz und Pfeffer würzen, das Basilikum hacken und dazugeben. Den Steinbutt in Butter so braten, dass der Kern noch leicht roh ist. Im Ofen warmstellen. Die Jakobsmuscheln halbieren, sodass 8 flache Taler entstehen. Mit einer Prise Salz und Pfeffer würzen, auf ein Blech geben und im Ofen kurz glasig werden lassen.

2 Kartoffeln in Würfel schneiden, Schalotten kleinhacken. Die Brunnenkresse in etwas Salzwasser kurz blanchieren, kalt abschrecken und zusammen mit der Butter und mit Salz pürieren. (Die Brunnenkresse unbedingt blanchieren, da sonst die Sauce bitter werden kann.) Die Schalotten in Olivenöl glasig dünsten, mit dem Fond aufgießen, Kartoffelwürfel hinzugeben und ca. 30 Minuten weichköcheln lassen. Den Fond durch ein Sieb passieren und die Kressebutter zugeben.

3 Die Tomaten mit heißem Wasser übergießen, die Haut abziehen, das Kerngehäuse entfernen und würfeln. Artischocken in kleine Spalten schneiden und Zwiebel kleinhacken. Öl in einen Topf geben, Zwiebel und Artischocken darin andünsten. Reis dazugeben und glasig werden lassen. Unter ständigem Rühren immer wieder mit etwas Brühe ablöschen. Mit Salz und Pfeffer würzen. Je nach Reissorte das Risotto 14–18 Minuten garen lassen und 2 Esslöffel Butter dazugeben. Parmesan reiben und Petersilie hacken. Vor dem Servieren 2 Esslöffel frischen Parmesan und die Petersilie daruntergeben.

Anrichten und Garnieren

Zitrone schälen und in Scheiben schneiden. Das Risotto an den Tellerrand geben und den Steinbutt anlegen. Die Muschelscheiben überlappend, etwas versetzt auf den Fisch legen, Zitronenscheiben anlegen. Nun die Kirschtomaten dazugeben und Fisch sowie Muscheln vorsichtig mit der Sauce übergießen.

Surf & Turf vom Filetsteak und Languste mit Sauce béarnaise und Meerrettichmousseline

4 Portionen

Dieses Gericht ist einer der Klassiker in den Restaurants der QUEEN MARY 2 und verbindet das Beste, was Land und Meer zu bieten haben. Der Name bezeichnet die Kombination von hochwertigem Fleisch und edlen Meeresfrüchten, das Gericht wurde erstmals während der Weltausstellung 1962 in Seattle im Restaurant der Space Needle serviert. In Australien ist es auch als Reef and Beef bekannt. Diese Version mit bestem Rinderfilet und Languste gehört zu den feinsten Kombinationsmöglichkeiten. Viele Feinschmecker ziehen Langusten dem allgemein höher eingeschätzten Hummer vor, weil sie nur halb so viel Fett wie Hummer, dafür aber einen höheren Eiweißgehalt haben. Beim Kauf von Fisch und Fleisch unbedingt auf die Qualität achten und am besten in Fachgeschäften einkaufen – es lohnt sich.

Rinderfilet und Languste

4 Rinderfiletmedaillons (4 cm stark)
2 Langustenschwänze
½ EL Zitronensaft
2 EL Olivenöl
2 EL weiche Butter
Salz, schwarzer Pfeffer, Paprika

Gemüse

400 g Kirschtomaten
1 Knoblauchzehe
3 EL Olivenöl
1 EL Balsamico
Schnittlauch, frischer Basilikum für das Anrichten
etwas Balsamico für die Garnitur

Meerrettichmousseline

500 g mehlige Kartoffeln
100 ml Milch
50 g Butter
50 g frischer Meerrettich
Salz, Pfeffer, Muskatnuss

Sauce béarnaise

1 Schalotte
1 Bund Estragon
6 Pfefferkörner
1 TL Essig
1 EL Weißwein
4 Eier
250 g Butter

Zubereitung

1 Den Backofen auf 100 °C vorheizen. Die Langustenschwänze halbieren und mit einem Gemisch aus Butter, Zitronensaft, Salz, Pfeffer und Paprika bestreichen. Auf der Schnittfläche anbraten. Nun die Rinderfiletmedaillons mit Salz und Pfeffer würzen und in Butterschmalz auf jeder Seite 2–4 Minuten je nach Wunsch (rosa oder medium) braten, dann beides aufs Blech geben und bei 100 °C weitere 10 Minuten im Ofen nachziehen lassen.

2 Pfefferkörner zerstoßen, dann Schalotte und Estragon kleinhacken und mit Pfeffer, Essig und Weißwein in einem Töpfchen kurz aufkochen. Dies ist die für die Sauce béarnaise notwendige Reduktion. Zur Herstellung der Sauce nun die Butter in einen kleinen Topf geben und auf dem Herd schmelzen lassen. Die Butter darf wegen des Geschmacks sogar ein klein bisschen braun werden. Das Eigelb in einen Schlagkessel geben, der auf einen Topf mit siedendem Wasser passt. Zu dem Eigelb kommt nun die Reduktion. Dann schlägt man das Ganze über dem Wassertopf mit einem feindrahtigen Schneebesen bis die Eimasse zur Rose oder leicht dick geschlagen ist. Den Schlagkessel zur Seite nehmen und unter ständigem Rühren die flüssige Butter hineinträufeln. Mit Salz abschmecken.

3 Knoblauchzehe schälen und feinhacken, dann Schnittlauch hacken. In einer Pfanne mit Olivenöl den Knoblauch anschwitzen und die Tomaten zugeben. Mit dem Balsamico ablöschen und einreduzieren lassen, zum Schluss einen Esslöffel gehackten Schnittlauch und 4 Basilikumblätter hinzugeben.

4 Kartoffeln waschen, schälen und halbieren. In kochendem Salzwasser 30–35 Minuten garen. Milch mit Butter erhitzen, mit Salz, Pfeffer und Muskat würzen. Meerrettich schälen und feinraspeln. Kartoffeln abgießen, ausdampfen lassen und durch die Presse drücken. Mit der Milchmischung verrühren und den frischen Meerrettich unterheben.

Anrichten und Garnieren

Das Steak auf den Teller legen und den Langustenschwanz darauflegen. Mit einem größeren Löffel die Merrettichmousseline daranlegen und mit einem Löffel eindrücken und ziehen. Nun die Tomaten anlegen und mit einem Basilikumblatt verzieren. Die Sauce béarnaise in einem langgezogenen Tropfen auf den Teller geben. Wer mag, kann mit dem Löffel im Tropfenhals eine Lücke schaffen und vorsichtig etwas Balsamico (für die Tomaten) hineingeben.

Tandoori-Hühnchen mit indischem Gurkensalat

4 Portionen

Tandoori-Gerichte haben den Namen von der Zubereitung im Tandoor, einem Backofen aus Ton, der in Indien verwendet wird. Dieser wird mit Holzkohle befeuert und ist meist in den Boden eingelassen. Zum Kochen wird dieser Ofen mindestens zwei Stunden mit Holzkohle vorgeheizt, bis der untere Bereich glühend heiß ist. Im Tandoor werden auch die traditionellen indischen Fladenbrote wie Nan oder Chapati gebacken, deren Teig einfach an die Seitenwände gedrückt wird. Tandoorigerichte werden in einer Joghurtsauce mariniert und schmecken sehr würzig. Weil allein schon das Herstellen der Marinade ein Fest für die Nase ist, empfehle ich keine fertige Gewürzmischung oder -paste im Asialaden zu kaufen, sondern sie selbst herzustellen. Da wohl die Wenigsten über ein Tandoor verfügen – auch auf der QUEEN MARY 2 gibt es keinen – kann man das Gericht ohne weiteres im Backofen herstellen, ohne Geschmackseinbußen hinnehmen zu müssen.

Für die Tandoori-Marinade

2 EL Kreuzkümmel
2 EL Korianderpulver
1 TL Pfeffer
2 TL Gewürznelken
2 Messerspitzen Kardamompulver
2 TL süßes Paprikapulver
2 zerstoßene Lorbeerblätter
2 Zimtstangen
250 ml Naturjoghurt
4 Hühnchenbrüste
Chilipulver nach Geschmack
Olivenöl

Für das Raita

1 Zwiebel
2 Knoblauchzehen
1 EL Olivenöl
2 EL Zitronensaft
1 TL Koriander
1 TL geriebener Ingwer
250ml Naturjoghurt
Salz, Pfeffer

Für den Reis

150 g Basmatireis

zum Anrichten:
4 Chapati-Fladen
etwas frische Petersilie

Zubereitung

1 Alle Gewürze miteinander vermengen, den Joghurt zugeben und die Hühnerbrustteile in einer nichtmetallischen Schüssel über Nacht darin marinieren. Gut abdecken, sonst duftet der gesamte Kühlschrank. Hühnerfleisch aus der Marinade nehmen und in etwas Olivenöl im Backofen bei 150 °C Umluft goldbraun backen. Vorsicht! Durch die Marinade kann es schnell passieren, dass das Huhn verbrennt, also häufig wenden.

2 Zwiebel und Knoblauch feinhacken, dann kurz anbraten. Zitronensaft und Gewürze zugeben. Erwärmen, jedoch nicht kochen, dann vom Herd nehmen und Joghurt unterrühren.

3 Den Reis so lange waschen, bis das Waschwasser klar ist. Damit wird die Stärke, die die Reiskörner umschließt, vollständig abgewaschen. Den Reis dann in einen Topf mit kaltem Wasser geben, das etwa 1½–2 Zentimeter über dem Reis stehen sollte. Eine Prise Salz zugeben und den Reis bei geschlossenem Deckel und voller Hitze aufkochen, bis sich auf der Oberfläche kleine Krater bilden. Dann die Hitze reduzieren und den Reis langsam bei kleiner Flamme fertiggaren, bis das ganze Wasser aufgesogen wurde. Dabei den Deckel nicht öffnen. Die Kochzeit dauert, je nach Reis, ca. 20–25 Minuten. Den fertiggegarten Reis mit einem Kochlöffel etwas auflockern.

4 Alle Zutaten in feine Julienne schneiden, dabei die Tomate erst vierteln und vom Kerngehäuse befreien. Vermischen.

Anrichten und Garnieren

Chapatis kurz im Ofen aufbacken, dann zu einer Tüte rollen und Gurkensalat hineingeben. Den Reis länglich anrichten. Wer hat, nimmt eine längliche Form und stürzt den Reis auf den Teller. Die Hühnchenbrust daran anlegen und die Chapatirolle darauf geben. Das Fleisch mit 2 Esslöffeln Raita übergießen und mit frischer Petersilie verzieren. Raita parallel zum Reis geben und mit dem Löffel einschneiden.

Rotes Thaicurry mit Garnelen und Jasminreis

4 Portionen

Ein Curry hat nichts mit dem gleichnamigen Gewürz zu tun, sondern ist eine aus Indien stammende Bezeichnung für verschiedene Eintopf- und Ragoutgerichte auf der Basis einer sämigen Sauce oder Suppe. Ein Curry hat keine festgelegten Zutaten, je nach Herkunftsregion können sie sich erheblich unterscheiden. Es gibt vegetarische Currys und Currys mit jeder Art von Fleisch, Fisch oder Meeresfrüchten, zu denen meist Reis gereicht wird. Das Gericht stammt zwar ursprünglich aus Indien, Currys sind heute aber Bestandteil der Küchen im gesamten pazifisch-asiatischen Raum. Als besonders schmackhaft gelten thailändische Currys, die dort Gaeng genannt werden. Die Grundzutaten dieser Gerichte werden als Pasten zubereitet, in denen beispielsweise Wurzeln, frische Blätter und frische Chilischoten mit Garnelenpaste so lange im Mörser gestampft werden, bis sie zu einer homogenen, dicken Masse geworden sind. Durch die Beigabe verschiedener Chilisorten können Currys im Schärfegrad von leicht-süßlich bis so feurig, dass sie von nur wenigen Europäern als angenehm empfunden werden, variieren. Das asiatische Basilikum, das in diesem Gericht verwendet wird, gibt es ebenso im Asialaden wie rote Currypaste und Austernsauce. Es schmeckt leicht nach Anis oder Lakritz und wird unter den Namen Horapa oder Thai-Basilikum angeboten.

Garnelencurry

500 g Riesengarnelen ohne Schale
2 TL Ingwer
2 TL Knoblauch
2 Schalotten
2 EL Öl
6 Frühlingszwiebeln
1 EL rote Currypaste
4 EL Austernsauce
2 TL Zucker
125 ml Hühnerbrühe
250 ml cremige Kokosnussmilch
2 Tomaten
Austernpilze aus der Dose
etwas Zitronensaft
asiatisches Basilikum
Koriandergrün
Salz, Pfeffer

Jasminreis und Gemüse

4 Köpfe Pak Choi (Senfkohl)
300 g Jasminreis
Wasser
Salz
Erdnussöl
etwas Kropoek (indonesische Krabbencracker, ebenfalls im Asialaden erhältlich)

Zubereitung

1 Ingwer, Knoblauch und Schalotten feinhacken und im heißen Öl anbraten. Die in 1 Zentimeter breite Ringe geschnittenen Frühlingszwiebeln zufügen. 2 Minuten unter Rühren braten, dabei salzen und pfeffern. Currypaste, Zucker, Austernsauce, Kokosnussmilch und Brühe verquirlen und angießen. Tomaten vierteln und mit ein paar Austernpilzen dazugeben. Nach etwa 5 Minuten, wenn sich alles zu einer roten Sauce verbunden hat, die in einer Pfanne sehr kurz angebratenen Garnelen hinzufügen. Sanft 5 Minuten ziehen lassen. Mit Zitronensaft abschmecken und großzügig die grobgehackten Basilikumblätter untergeben.

Tipp: Durch die Currypaste wird die Sauce leicht scharf. Wem die Schärfe nicht gefällt, kann diese durch Aufgießen von mehr Flüssigkeit, also Kokosnussmilch oder Brühe, etwas neutralisieren.

2 Den Pak Choi in Salzwasser kurz blanchieren, kalt abspülen und vierteln, dann kurz in der heißen Pfanne im Erdnussöl schwenken und salzen. Beim Reiskochen sollte das Wasser ca. 2 Zentimeter über dem Reis stehen. Die Garzeit beträgt ca. 15–20 Minuten, das Wasser sollte komplett vom Reis aufgenommen werden.

Anrichten und Garnieren

Den Reis in einen tiefen Teller geben, das Garnelencurry darangeben, den Pak Choi darauf verteilen und mit Kropoek garnieren.

Vindaloo vom Schwein im Linsenbrotkörbchen auf Basmatireis und Gemüsesalat

4 Portionen

Vindaloo ist ein scharfes Chiligericht aus dem südindischen Goa, das jahrhundertelang portugiesische Kolonie war. Die Portugiesen brachten eine kulinarische Spezialität mit: Carne em vinha de alhos, mariniertes Schweinfleisch. Der Name wurde von den Einheimischen verballhornt, aus vinha de alhos wurde Vindaloo. Und da die indischen Muslime überhaupt kein und Hindus nur ungern Schweinefleisch essen, wird das Gericht in Indien fast immer mit Huhn zubereitet. In Großbritannien ist das original Vindaloo dagegen ein sehr beliebtes Gericht, man findet es auf der Speisekarte fast jedes indischen Restaurants oder Take aways. Und auch auf der QUEEN MARY 2 gehört bei den Briten ein echtes Vindaloo zum gelungenen Kreuzfahrterlebnis.

Für das Vindaloo

700 g Schweinenacken
3 rote Chilischoten
200 ml Kokosessig
(wahlweise verdünnter Apfelessig)
1 Stück Ingwer (3 cm)
1 Zwiebel
5 Knoblauchzehen
1 EL Garam Masala
1 TL Kreuzkümmelpulver
1 TL brauner Zucker
Ghee (Butterschmalz)
frische Minze für die Garnitur
Salz

Für das Raita

1 Zwiebel
2 Knoblauchzehen
1 EL Olivenöl
2 EL Zitronensaft
1 TL Koriander
1 TL geriebener Ingwer
250 ml Naturjoghurt
Salz, Pfeffer

Für den Reis

3–4 Tassen Langkornreis
etwas Salz

Für den indischen Gemüsesalat

1 Zwiebel
2 Tomaten
½ Salatgurke
etwas Zitronensaft
Salz, Pfeffer

Für das Linsenbrot

4 Papadams für das Anrichten
(Linsenmehlfladen, aus dem Asialaden)

Zubereitung

1 Für die Marinade die Chilis halbieren, entkernen und feinschneiden. Die Knoblauchzehen, ebenso wie den Ingwer feinhacken und gemeinsam mit den Chilis in einem Mörser fein zerstoßen (man kann auch einen Mixer verwenden). Die Paste mit Garam Masala, Kreuzkümmel, einer Prise Salz und dem Essig vermischen. Das Schweinefleisch in mundgerechte Würfel schneiden, in eine Schüssel geben und mit der Marinade begießen. Mindestens 1 Stunde marinieren und das Fleisch währenddessen wiederholt wenden. Dann die Zwiebel in kleine Würfel schneiden. Etwas Ghee in einem Topf erhitzen und die Zwiebelwürfel darin bei mäßiger Hitze sehr langsam hell anschwitzen. Das Fleisch aus der Marinade heben, auf Küchenkrepp abtropfen lassen und zugeben. Rundum anbraten. Nun die übrig gebliebene Marinade zugießen und das Fleisch zugedeckt langsam ca. 1½ Stunden weichdünsten. Bei Bedarf noch etwas Wasser nachgießen. Kurz vor dem Servieren den braunen Zucker unterrühren.

2 Zwiebel und Knoblauch feinhacken, dann kurz anbraten. Zitronensaft und Gewürze zugeben. Erwärmen, jedoch nicht kochen, dann vom Herd nehmen und Joghurt unterrühren.

3 Den Reis so lange waschen, bis das Waschwasser klar ist. Damit wird die Stärke, die die Reiskörner umschließt, vollständig abgewaschen. Den Reis dann in einen Topf mit kaltem Wasser geben, das etwa 1½–2 Zentimeter über dem Reis stehen sollte. 1 Prise Salz zugeben und den Reis bei geschlossenem Deckel und voller Hitze aufkochen, bis sich auf der Oberfläche kleine Krater bilden. Dann die Hitze reduzieren und den Reis langsam bei kleiner Flamme fertiggaren, bis das ganze Wasser aufgesogen wurde. Dabei den Deckel nicht öffnen. Die Kochzeit dauert, je nach Reis, ca. 20–25 Minuten. Den fertiggegarten Reis mit einem Kochlöffel etwas auflockern.

4 Während der Reis kocht, die Papadams in einer Fritteuse mit Hilfe einer Suppenkelle zu einem Körbchen ausbacken. Papadam ins heiße Fett legen, mit der Kelle herunterdrücken und so lange backen, bis es goldbraun ist. Erkaltet entsteht so ein Körbchen.

5 Alle Zutaten in feine Julienne schneiden, dabei die Tomate erst vierteln und vom Kerngehäuse befreien, vermischen, den Zitronensaft hinzugeben und würzen. Ein wenig von dem Salat in das Raita geben und gut unterrühren.

Anrichten und Garnieren

Den Reis mit einer Tasse auf den Teller geben und etwas Gemüsesalat darauf geben. Das Papadamkörbchen daransetzen und mit dem Vindaloo füllen. 2 Esslöffel Raita auf das Vindaloo geben und mit etwas frischer Minze verzieren.

Wolfsbarschfilets an Gurkenspaghetti und Kartoffelgulasch im Linsenteigkörbchen

4 Portionen

Die Linsenteigkörbchen (Papadams) bekommt man in gut sortierten Supermärkten oder in Asialäden. Die Fladen aus Linsenteigmehl kommen aus Indien und werden traditionell frittiert. Damit sie nicht zu viel Feuchtigkeit aufnehmen, sollten sie nicht länger als eine Stunde vor dem Servieren ausgebacken werden.

Kartoffelgulasch

300 g Kartoffeln
2 Zwiebeln
40 g Butterschmalz
1 EL edelsüßes Paprikapulver
1–2 TL Mehl
300 ml Gemüsebrühe
1 grüne Paprikaschote
4 Papadams
glatte Petersilie
Salz, Pfeffer

Gurkenspaghetti

400 g Salatgurke
50 g Butter
3 Stängel frischer Dill
Salz, Pfeffer
etwas Zucker

Wolfsbarsch

400 g Wolfsbarschfilet mit Haut
1 Limette
Salz, Pfeffer
1 Zitrone für die Garnitur

Zubereitung

1 Die Kartoffeln schälen und grob würfeln, die Zwiebeln feinhacken. Nun beides mit der Hälfte des Butterschmalzes glasig dünsten. Zuerst mit Paprikapulver, dann mit Mehl bestäuben und mit der Brühe ablöschen. Bei mittlerer Hitze zugedeckt 15–20 Minuten weiter garen. Die Paprika vierteln, entkernen, in Streifen schneiden und nach 10 Minuten zu den Kartoffeln geben und mitgaren. 4 Petersiliensträußchen abzupfen und für die Garnitur aufbewahren, restliche Petersilie feinhacken, dann das Gulasch mit Salz, Pfeffer und 2 Esslöffeln gehackter Petersilie verfeinern.

2 Die Papadams mit einer Kelle in heißes Fett geben und ausbacken, ohne Fritteuse kann man auch Öl in einem Topf oder Wok richtig heiß machen und die Papadams hineingeben.

3 Die Gurken schälen, halbieren und mit einem Löffel von den Kernen befreien. Mithilfe einer Reibe in Julienne schneiden. Dill hacken, die Butter in einer Pfanne schmelzen, die Gurkenspaghetti darin schwenken, mit Salz, Pfeffer, Dill und etwas Zucker würzen.

4 Limette auspressen, dann Wolfsbarschfilets mit 2 Esslöffeln Limettensaft, Salz und Pfeffer würzen und in einer heißen Pfanne mit dem restlichen Butterschmalz zuerst auf der Hautseite, dann auf der anderen Seite je 2 Minuten braten.

Anrichten und Garnieren

Zitrone schälen und in Scheiben schneiden. Das Linsenkörbchen auf den Teller geben, mit dem Kartoffelgulasch füllen und mit etwas Petersilie garnieren. Die Fischfilets seitlich anlegen und mit 2 Zitronenscheiben garnieren. Gurkenspaghetti obenauf und seitlich angeben. Zu diesem Gericht ist keine Sauce nötig, da Gulasch und Gurken viel eigenen Saft haben.

Zander im Eimantel an Safran-Schaumsauce und Blattspinat

4 Portionen

Schaumsauce mit Zitronengras

1 Schalotte
⅛ l Fischsud
½ TL gehackter Estragon
1 Messerspitze Zitronengras
½ Zitrone als Saft
1 EL Noilly Prat
1 EL Olivenöl
1 TL Speisestärke
1 EL Schlagsahne
300 g frischer Spinat
ein paar Safranfäden
Salz, Pfeffer

Zanderfilet

8 Tranchen Zanderfilet à 100 g (oder 4 Stücke á 200 g)
1 Zitrone
2 EL Olivenöl
2 Eier
etwas Mehl
Salz , Pfeffer

Gemüse und Nudeln

300 g frischer Spinat
200 g Karotten
4 Babykohlrabi
50 g Butter
250 g extra breite Bandnudeln
Salz, Pfeffer, Muskat
etwas frischer Dill für die Garnitur

Zubereitung

1 Zitrone waschen und Schale abreiben, die Zanderfilets mit einem Teelöffel Zitronenschale einreiben, mit Salz und Pfeffer würzen. Eier aufschlagen und quirlen, dann den Fisch erst in Mehl, anschließend im verquirlten Ei wenden und in Olivenöl jeweils 3 Minuten auf jeder Seite knusprig braten.

2 Schalotte feinhacken und in etwas Butter anschwitzen. Zitronengras klopfen, Zitrone auspressen, dann Fischsud, Estragon, Zitronengras und Zitronensaft zugeben. Etwas einkochen lassen und passieren. Speisestärke mit etwas Noilly Prat auflösen und damit die Sauce binden. Mit Pfeffer und Salz abschmecken und die geschlagene Sahne unterheben. Durch die Zugabe der geschlagenen Sahne, die mit einem Stabmixer verquirlt werden sollte, entsteht ein luftiger Schaum.

3 Nudeln in Salzwasser al dente kochen, Spinat waschen, gut abtropfen lassen und in einer Pfanne mit Butter zusammenfallen lassen. Mit Salz, Pfeffer und Muskat abschmecken.

4 Karotten säubern, schälen und in ca. 3 Zentimeter lange Stücke schneiden. Die Babykohlrabi mit einem Küchenmesser säubern. Karotten und Kohlrabi in Salzwasser blanchieren, dann in etwas Butter schwenken und würzen.

Anrichten und Garnieren

Die Nudeln in die Mitte des Tellers geben, den Fisch darauflegen und mit der Safransauce umgeben. Dann den frischen Spinat zum Ball formen, darauf platzieren, Karotten sowie Kohlrabi anlegen und den Fisch mit frischem Dill verzieren.

Amerikanischer Käsekuchen mit Erdbeertopping

4 Portionen

Einer der Klassiker an Bord, er wird als New York Cheesecake angeboten und ist fester Bestandteil des Menüs beim abendlichen Showcooking in der Chef's Galley. Wo mittags Burger und Sandwiches nach Wunsch zubereitet werden, gewährt Cunard Line seinen Gästen abends (nach Anmeldung) kostenlos Einblick in die Küche der USA. Logisch, dass da ein New York Cheesecake zum Abschluss nicht fehlen darf!

Für den Boden

3 TL Zucker
3 TL Butter
100 g Honigkekse, z.B. Honig-Graham-Cracker

Für die Käsecreme

500 g Quark
150 g Zucker
5 Eier
100 ml Sahne
½ Vanillestange
etwas Zitronensaft

Für das Erdbeertopping

1 Körbchen frische Erdbeeren
100 g Zucker
etwas Wasser
etwas Minze
etwas Puderzucker

Zubereitung

1 Die Kekse fein zerbröseln und mit dem Zucker sowie der Butter in einer Rührschüssel vermischen. Die Masse auf den Boden einer mit Backpapier ausgelegten Springform verteilen, leicht andrücken und kaltstellen.

2 Mit dem Messerrücken das Mark aus der Vanillestange kratzen. Dann die Sahne steifschlagen. 2 Eigelb trennen, dann mit einem Mixer den Cream Cheese (Quark) mit dem Zucker, 3 aufgeschlagenen Eiern, den beiden Eigelb und dem Vanillemark für 2 Minuten gut schaumig rühren. Zitronensaft und Sahne unterheben. Die Masse in die Springform über den kalten Boden geben und auf dem Kuchenboden verstreichen.
Für 40 Minuten bei 170 °C Ober-/Unterhitze oder 140 °C Heißluft backen, bis die Käsecreme fest ist. Abkühlen lassen und aus der Form lösen.

Tipp: Während des Backens empfiehlt es sich, auf den Boden des Ofens ein Blech mit Wasser zu stellen, das macht den Kuchen etwas cremiger. Man sollte auch ein Stück Alufolie parat haben, um den Kuchen abzudecken, falls die Käsecreme dunkel wird, dies verhindert das Verbrennen der Oberfläche.

2 Die Erdbeeren waschen, vom Stiel befreien und vierteln. Eine Handvoll zur Seite stellen, den Rest mit dem Zucker und etwas Wasser weichkochen. Dann mit einem Pürierstab mixen, die aufgesparten ganzen Erdbeeren zugeben und kaltstellen. Die Minze für die Garnitur zupfen.

Anrichten und Garnieren

Den Käsekuchen in gleich große Stücke teilen, auf den Teller geben und mit dem Erdbeertopping überziehen, vor dem Servieren mit einem Minzeblatt, einer ½ Erdbeere und Puderzucker garnieren.

Apfelstrudel mit Vanilleeis

4–6 Portionen

Diese traditionelle österreichische Süßspeise war ursprünglich eine schmackhafte Mahlzeit für arme Leute. Vorbild war das türkische Baklava (s. auch Rezept »Türkisches Baklava«). Strudel ist die Bezeichnung für eine gefüllte und gebackene oder auch gekochte Teigrolle. Das Wort »Strudel« ist so bekannt, dass es als deutsches Lehnwort sogar in die englische Sprache eingegangen ist. Die Kunst der Zubereitung besteht vor allem im Ausziehen des Strudelteigs. In Wien sagt man, Strudelteig sollte so dünn sein, dass man eine darunter liegende Zeitung lesen kann.

Strudelteig

200 g Mehl
1 Ei
1 EL Sonnenblumenöl
4 EL lauwarmes Wasser
etwas Salz

Apfelfüllung

60 g Rosinen
2 EL Rum
40 g Butter
80 g Paniermehl
1,5 kg Äpfel, am besten eine leicht säuerlich-saftige Sorte wie Gloster, Holsteiner Cox, Elstar oder Boskoop
100 g Zucker
1 TL Zimt
120 g Butter
20 g Puderzucker

Zubereitung

1 Mehl in eine Schüssel geben, in die Mitte eine Vertiefung drücken, das Ei dort hineinschlagen und eine Prise Salz zufügen sowie 1 Esslöffel Sonnenblumenöl. Den Strudelteig per Hand kneten. Dafür die Hände leicht mit etwas Sonnenblumenöl einreiben, damit der Teig nicht an den Händen klebt. Nach und nach lauwarmes Wasser zufügen, bis ein fester Teig entsteht. Den Strudelteig nun von Hand ca. 15 Minuten lang kneten, bis er anfängt seidig zu glänzen, zu einer Kugel formen und mit leicht eingeölten Händen ringsum einstreichen. Den Teig auf eine Arbeitsplatte legen, mit einer umgedrehten Schüssel bedecken und bei Zimmertemperatur ca. 30 Minuten ruhen lassen.

Tipp: Dem Teig unbedingt mindestens die halbstündige Ruhezeit gewähren, damit er gut weiterverarbeitet werden kann.

2 Die Rosinen in eine Schüssel geben und mit etwas kochendem Wasser begießen, bis sie leicht aufquellen. In einem Sieb gut abtropfen lassen und zurück in die leere Schüssel geben, mit Rum mischen und mit einem kleinen Teller abdecken. In einem kleinen Butterpfännchen die 40 Gramm Butter erhitzen und darin unter Rühren Paniermehl auf höchster Stufe goldbraun anrösten. Das Butterpfännchen vom Herd nehmen und die Brösel abkühlen lassen. Äpfel schälen, vierteln und das Kerngehäuse entfernen. Die Apfelstücke quer in möglichst dünne Scheiben schneiden. Die Apfelscheiben in eine Schüssel füllen und beiseitestellen. In einer zweiten Schüssel Zucker und Zimt vermischen. Ein sauberes Geschirrtuch auf die Arbeitsfläche legen und gleichmäßig dünn mit Mehl bestreuen. Den Strudelteig in die Mitte des Tuches legen und mit einem Nudelholz so dünn wie möglich auf die Größe des Tuches ausrollen. Dabei möglichst immer von der Mitte zu den Seiten hin rollen, damit der Teig nicht reißt. Wenn der Strudelteig sich fast nicht mehr ausrollen lässt, kann man die Hände zu Hilfe nehmen. Dafür die Handrücken mit Mehl einstäuben, den Teig anheben und mit den Handrücken unter den Teig gehen. Nun den Teig ganz vorsichtig von der Mitte zu den Seiten hin mit beiden Handrücken leicht nach außen ziehen. Der Strudelteig sollte so dünn wie möglich ausgerollt werden ohne zu reißen.

3 Den Backofen auf 200 °C Umluft vorheizen. In einem Butterpfännchen 120 Gramm Butter auslassen, aber nicht braun werden lassen, und beiseitestellen. Das vorbereitete Paniermehl auf ungefähr zwei Drittel des Teiges streuen. Dabei an beiden Seiten einen Rand von ca. 3 Zentimeter frei lassen, damit man später die Strudelenden nach innen einschlagen kann. Das obere Drittel des Teiges bleibt ebenfalls frei. Die Äpfel gleichmäßig auf dem Paniermehl verteilen und mit dem Zimtzucker bestreuen. Die Rumrosinen darüber verteilen. Das obere Drittel des Teiges und die freigelassenen Seiten mit etwas flüssiger Butter einpinseln. Die restliche Butter beiseitestellen. Die Seitenränder nach innen über die Apfelfüllung legen, damit der Apfelstrudel beim Backen nicht ausläuft. Nun das Geschirrtuch leicht anheben und den Apfelstrudel zum frei gelassenen Teig hin vorsichtig aufrollen. Dabei das Tuch immer ein Stückchen weiter anheben. Der Apfelstrudel rollt sich so selber auf.

4 Ein Backblech mit Backpapier auslegen. Den Apfelstrudel vorsichtig mit der Nahtstelle nach unten auf das Backblech setzen und mit flüssiger Butter sorgfältig einpinseln. Restliche Butter beiseitestellen. Den Apfelstrudel auf der mittleren Schiene im vorgeheizten Ofen bei 200 °C Umluft ca. 35–45 Minuten hellbraun backen, dabei den Apfelstrudel ca. alle 10 Minuten mit dem Rest der flüssigen Butter einpinseln. Das Backblech aus dem Backofen nehmen und den Strudel mit Puderzucker bestreuen.

Anrichten und Garnieren

Den warmen Apfelstrudel in ca. 4 Zentimeter breite Stücke schneiden, eine Kugel Vanilleeis dazugeben und vor dem Servieren mit frischer Minze, Sahne und Puderzucker garnieren.

Türkisches Baklava

4 Portionen

Für den Sirup

300 g Zucker
200 g Honig
1 Stange Zimt
6 Stück Nelken
400 ml Wasser

Für den Teig

2 Pakete gefrorener Filoteig
500 g Walnüsse/Mandeln/Pistazien
250 g zerlassene Butter
frische Minze zum Garnieren

Zubereitung

1 Den Filoteig 10 Minuten vor dem Verarbeiten aus dem Kühlschrank nehmen. Das Backrohr auf 150 °C Umluft vorheizen. Den Filoteig entrollen und ein Stück Backpapier auf den Boden einer Kastenform auslegen. Je 3-mal eine Lage Filoteig auf den Boden auslegen, jede Lage mit zerlassener Butter bepinseln und mit der Nussmischung bestreuen. Je nach Größe der Kastenform, 2-mal wiederholen oder so oft, bis die Nussfüllung verbraucht ist. Mit Filoteig bedecken, nochmals mit zerlassener Butter bestreichen und ca. 40–45 Minuten backen.

2 Alle Zutaten in einen Topf tun und ca. 10 Minuten zu einem Sirup kochen. Die Zimtstange und Nelken herausnehmen und den noch heißen Sirup über das gebackene Baklava gießen, einige Stunden gut durchziehen lassen.

Anrichten und Garnieren

Zum Anrichten das Baklava in Dreiecke schneiden, auf dem Teller anrichten und mit Minze garnieren, dazu lässt sich auch gut Vanilleeis servieren.

Tiramisu an Erdbeerpüree

4 Portionen

Tiramisu

100 ml Sahne
20 g Zucker
2 pasteurisierte Eigelb
20 g Zucker
60 g Mascarpone
3 Blatt Gelatine
etwas Amaretto
frische Minzeblätter
Brombeeren für die Garnitur

Kaffeemix für die Löffelbiscuits

1 Paket Löffelbiscuit
1 Tasse Kaffee
Tia Maria oder Kalua

Erdbeerpüree

100 g Erdbeeren
30 g Zucker
6 EL Wasser

Zubereitung

1 Gelatine auflösen, dann Eigelb und Zucker schaumig schlagen, Mascarpone zugeben und glattrühren. Sahne und Zucker steifschlagen und unter den Mascarponemix geben. Die aufgelöste Gelatine wie auch den Amaretto unterrühren.

***Tipp:** Für die Creme ausschließlich pasteurisierte Eier verwenden. Pasteurisiertes Eigelb bekommt man als Tetrapack im Handel.*

2 Die Löffelbiscuits in den Mix aus Kaffee und Likör tunken und in der Form auslegen. Mit Creme bedecken und das Ganze noch einmal wiederholen. Zum Garnieren mit Kakaopulver bestreuen und mit Beeren verzieren. Die Erdbeeren mit dem Wasser pürieren, dann Zucker hinzugeben und kurz weitermixen.

Anrichten und Garnieren

Das Tiramisu je nach Belieben rund oder eckig ausschneiden, mit Kakaopulver bestreuen, auf einem Teller anrichten und seitlich einen Löffel Erdbeerpüree zugeben. Vor dem Servieren mit 1 Erdbeere, frischer Minze und Puderzucker verzieren.

Crêpe Suzette

4 Portionen

Um den Namen dieser ursprünglich aus Buchweizenmehl hergestellten Pfannkuchen ranken sich mehrere Anekdoten, die bekannteste geht auf den Vornamen einer anscheinend äußerst charmanten Begleiterin des damaligen britischen Kronprinzen und späteren Königs Edward VII. zurück. Dieser soll in Monaco im Café de Paris 1896 mit seiner Entourage Silvester gefeiert haben. Ein noch sehr neuer Kochlehrling hatte beim Festmahl die eigentlich leichte Aufgabe, am Tisch Crêpes als Nachtisch zu backen. Als er aber die Sauce zubereiten wollte, sollen die Flammen den bereitgestellten Orangenlikör entzündet haben. Der Lehrling blieb ruhig, gab den brennenden Likör in die Sauce, stellte der Tischgesellschaft das Ganze als neues Rezept vor und nannte es Prinzencrêpe. Der britische Thronfolger war vom Resultat begeistert, aber bestand darauf, dass das neue Rezept den Namen seiner Begleiterin tragen sollte, und das war an diesem Silvesterabend eben die schöne Suzette.

Für den Teig

100 ml Schlagsahne
3 Eier
100 g Mehl
200 ml Milch
Grand Marnier zum Flammbieren
eine Prise Salz
etwas Butterschmalz
frische Minze zum Garnieren

Für die Orangensauce

100 g Kristallzucker
50 g Butter
150 ml frisch gepresster Orangensaft
1 Zitrone (Saft und Zesten)
1 Orange (Zesten)
40 ml Grand Marnier
40 ml Cognac
100 g Vanilleeis

Zubereitung

1 Zunächst 2 Eidotter trennen. Die Sahne mit dem anderen Ei, den beiden Eidottern und Salz mischen. Mehl zugeben und glattrühren. Langsam Milch zugießen, bis der Teig eine dünnflüssige Konsistenz aufweist. In einer kleinen Teflonpfanne etwas Butterschmalz erhitzen. Etwas Teig eingießen, gleichmäßig verteilen, je nach Geschmack helle bis goldbraune Farbe annehmen lassen, wenden und fertigbacken. Crêpe auf einen vorgewärmten Teller legen, warmhalten und die restlichen Crêpes ebenso backen.

2 Den Zucker in einer erhitzten Pfanne schmelzen lassen und karamellisieren. Butter in kleinen Stückchen dazugeben und mit Orangen- sowie Zitronensaft nacheinander ablöschen. Die Zesten der Orangen- und Zitronenschalen zugeben, alles kochen, bis sich der Karamell aufgelöst hat, und dann den Grand Marnier dazugießen.

Tipp: Unbedingt darauf achten, dass man beim Karamellisieren (Zubereitung der Orangensauce) nicht zu weit geht. Das heißt, der Zucker sollte nur bis zu einer goldgelben Farbe erhitzt werden und nicht braun werden, da ansonsten die Sauce bitter wird.

Anrichten und Garnieren

Die Crêpes nacheinander in die Orangensauce einlegen, wenden und jeweils zu einem Dreieck zusammenlegen. Cognac in einem Saucen- oder Butterpfännchen anwärmen. Die Crêpes auf einen Dessertteller legen und mit einer Kugel Vanilleeis und der Minze garnieren. Mit dem vorgewärmtem Cognac flambieren und vorsichtig auf den Teller geben. Brennend servieren.

Marinierte Waldbeeren im Körbchen mit Limettensorbet

4 Portionen

Ursprünglich wurden nur Fisch und Fleisch mariniert (frz. in Salzwasser einlegen), um haltbar gemacht zu werden. In Zeiten des Kühlschranks und der Tiefkühltruhe hat sich der Zweck der Marinade jedoch entscheidend geändert. Heute mariniert man Lebensmittel, um ihnen einen intensiven Geschmack zu verleihen.

Marinierte Beeren

150 g Erdbeeren
150 g Brombeeren
150 g Himbeeren
150 g Blaubeeren
100 g Johannisbeeren
100 ml Amaretto
50 g brauner Zucker
etwas Schlagsahne zum Anrichten

Körbchen

25 g Zucker
10 g Butter
15 g Glukose oder Golden Sirup
10 g Mehl
100 g Zitronensorbet
frische Minze
Puderzucker

Zubereitung

1 Alle Beeren waschen und putzen, dann auf Küchenkrepp abtropfen lassen. Die Beeren werden erst kurz vor dem Anrichten in der Amaretto-Zucker-Lösung mariniert.

Tipp: Die Beeren erst kurz vor dem Servieren marinieren, damit sie nicht zu weich werden.

2 Weiche Butter, Zucker und Glukose in einer Schüssel vermengen. Mehl dazugeben und zu einem geschmeidigen Teig kneten, der dann im Kühlschrank für eine ½ Stunde ruhen muss.

3 Den Backofen auf 190 °C Umluft vorheizen, aus dem Teig 4 kleine Kugeln rollen. 2-mal Backpapier in der Mitte teilen, auf ein Blech geben und 1 der Kugeln auf jede Hälfte legen und goldbraun backen. Das Blech herausnehmen und Kugeln etwas abkühlen lassen, bevor das Backpapier jedoch komplett kalt ist müssen die beiden Kugeln samt Backpapier über ein umgedrehtes Glas gegeben und vorsichtig nach unten zu einem Körbchen geformt werden, dann das Backpapier abziehen.

4 Zucker und Amaretto in einer Schüssel schwenken und Beeren darin 5 Minuten ziehen lassen.

Anrichten und Garnieren

Das Körbchen in die Tellermitte setzen, mit den marinierten Früchten füllen, dann eine Kugel Zitronensorbet auf die Beeren geben, mit Minze und etwas Schlagsahne dekorieren und mit Puderzucker bestreuen.

Mohneisparfait auf Kiwi-Carpaccio an Passionsfruchtcoulis

4 Portionen

Dieses Dessert erhält seine exotische Note durch die Passionsfrucht. Beim Kauf der Frucht ist darauf zu achten, dass eine reife (violette Frucht) genommen wird. Passionsfrüchte reifen nämlich kaum nach, halten sich dafür jedoch im Kühlschrank drei bis vier Wochen. Zwar können sie dabei etwas schrumpeln, das hat jedoch keinen negativen Einfluss auf den Geschmack.

Für die Masse

100 g Zucker
70 ml Wasser
50 g Mohnpaste
80 ml Milch
3 Eier
2 EL Amaretto
180 ml Sahne
80 g Quark
80 g Zucker

Früchtecoulis & Kiwi

10 Passionsfrüchte
100 ml Maracujasaft
2 EL Grenadinesirup
1 TL Speisestärke
2 Kiwis
2 Erdbeeren
frische Minze
etwas Puderzucker

Zubereitung

1 Zucker mit dem Wasser 5 Minuten aufkochen, bis ein Sirup entstanden ist. Gleichzeitig die Mohnpaste in der Milch aufkochen. Die Eier trennen, Eiweiß (Eiklar) zur Seite stellen, und die Eigelbe mit dem Zuckersirup schaumig schlagen. Die Mohnmilch und den Amaretto zugeben. Das Eiweiß steifschlagen und den restlichen Zucker mit dem Quark verrühren. Das ganze unter die Mohnmasse heben, in eine Form gießen und sofort für mindestens 6 Stunden in das Tiefkühlfach geben. Kurz vor dem Anrichten aus dem Kühlfach holen, aus der Form stürzen und in 8 gleich große Stücke teilen.

2 Passionsfrüchte halbieren und das Fruchtfleisch mit einem Teelöffel herauslösen. Den Maracujasaft und den Grenadinesirup mit dem Fleisch von 5 Passionsfrüchten mischen und 5 Minuten kochen lassen. Die Stärke mit etwas Wasser glattrühren und die Sauce damit binden, durch ein feines Sieb gießen und gut ausdrücken. Danach das Fleisch der restlichen 5 Passionsfrüchte in die Sauce geben. Die Kiwis schälen und mit einem scharfen Messer in hauchdünne Scheiben schneiden. Erdbeeren ebenfalls in Scheiben schneiden.

Anrichten und Garnieren

Die Kiwischeiben kreisförmig auf einen Teller legen. 2 gleich große Stücke Mohneisparfait leicht versetzt daraufgeben, von der Passionsfruchtcoulis 3 Tropfen auf den Teller geben und mit dem Löffel Tränen daraus ziehen, vor dem Servieren mit Minze, Erdbeerscheiben und Puderzucker garnieren.

Orangen-Creme-Brulée

4 Portionen

Creme Brulée

¼ l Sahne	*11 Eier*	*Für die Garnitur:*
⅛ l Milch	*1 Vanillestange*	*4 Himbeeren*
¾ l Orangenkonzentrat	*3 Orangen*	*40 g Zucker*
90 g Zucker		*frische Minze*

Zubereitung

1 Zesten aus den Orangen zupfen, Vanilleschote längs aufschneiden und Mark mit einem Teelöffel auskratzen. Milch, Sahne, Vanillemark und Orangenzesten zum Kochen bringen. Eier aufschlagen, mit dem Zucker mixen und unter die Flüssigkeit geben.

***Tipp:** Die Creme Brulée erst kurz vor dem Servieren mit Zucker bestreuen, um ein einwandfreies Karamellisieren zu gewährleisten.*

Anrichten und Garnieren

Die Creme Brulée in Portionsschälchen füllen, im Wasserbad bei 160 °C 35 Minuten im Ofen backen und anschließend kaltstellen. Orange schälen und Spalten herausschneiden. Mit Zucker bestreuen und mihilfe eines Brenners karamellisieren. Zum Schluss die Creme Brulée mit einem Tupfer Sahne, einer Spalte Orangenfleisch, einer Himbeere und frischer Minze garnieren.

Cointreau-Pannacotta auf Erdbeer-Émincé an Minzpesto

4 Portionen

Pannacotta

400 ml Sahne
1 Vanilleschote
50 g Zucker
4 Blatt weiße Gelatine
40 ml Cointreau

Erdbeer-Émincé

400 g Erdbeeren
etwas Minze zum Garnieren

Minzpesto

2 Bund frische Minze
3 EL Pinienkerne
1 EL Honig
200 ml Sahne
1 Prise Salz

Zubereitung

1 Vanilleschote längs aufschlitzen und mit der Sahne und dem Zucker aufkochen. Unter ständigem Rühren etwa 15 Minuten kochen lassen, danach die Vanillestange aus der Sahne entfernen. Die Gelatine in kaltem Wasser einweichen und in der noch warmen Sahne auflösen. Dann den Cointreau einrühren. 4 Dessertförmchen kalt ausspülen, die Cointreau-Sahne-Mischung hineinfüllen und im Kühlschrank ca. 2 Stunden fest werden lassen.

2 Erdbeeren waschen, putzen und in hauchdünne Scheiben schneiden. Minzeblätter zupfen, Pinienkerne leicht in einer Pfanne anrösten und dann zusammen mit Minze, Honig, Sahne und Salz pürieren.

Anrichten und Garnieren

Die Erdbeerscheiben in der Tellermitte zu einem Fächer aufstellen und die Pannacotta aus den Förmchen danebensetzen. Mit dem Minzpesto napieren, vor dem Servieren mit etwas Puderzucker und frischer Minze garnieren.

Überzogenes Sacher-Parfait an Erdbeerconfit

4 Portionen

Dieses Rezept geht auf das weltberühmte Wiener Hotel Sacher zurück, welches auch die ebenfalls in aller Welt bekannten Torten herstellt. Neben der Sachertorte, von der mehr als 300.000 Stück pro Jahr gefertigt werden, stellt eine eigene Produktion auch andere Süßwaren her, wie dieses Sacherparfait. Die Produktion ist so groß geworden, dass man aus der ursprünglichen Konditorei im Keller des Hotels ausziehen musste. In Simmering stellen nun rund 25 Konditoren die Süßspeisen her, es gibt sogar eine Angestellte, die den ganzen Arbeitstag nur die benötigten Eier aufschlägt.

Für das Parfait

2 Eier
50 g Zucker
50 g Kochschokolade
50 g Nougat
250 ml geschlagene Sahne
1 Schuss Milch
1 Schuss Cognac

Erdbeerconfit

500 g Erdbeeren
20 ml Grand Marnier
2 EL Puderzucker

Für die Glasur

200 g Kuvertüre
200 ml Sahne
1 Blatt Gelatine
20 ml Rum

Zubereitung

1 Eiskaltes Wasser in einem Topf oder einer großen Schüssel bereitstellen, der eine Rührschüssel aufnehmen kann. Ideal ist eine Rührschüssel aus Metall, die schnell die Umgebungstemperatur annimmt. In einem anderen Topf Wasser zum Kochen bringen, dann die Eier aufschlagen und mit dem Zucker in der Rührschüssel über dem Wasserdampf schlagen, bis die Masse warm und schaumig ist. Die Rührschüssel in den Topf/die Schüssel mit dem eiskaltem Wasser setzen und Masse langsam weiterschlagen, bis sie kalt geworden ist.

2 Kochschokolade ebenfalls in einem heißen Wasserbad erweichen. Das Nougat sowie je 1 Schuss Milch und Cognac zugeben und alles glattrühren. Die erkaltete Eimasse unterheben und zum Schluss die Sahne vorsichtig unterziehen, 4 Esslöffel Sahne für die Garnitur aufbewahren und zur Seite stellen. In kleine Portionsformen einfüllen und in der Tiefkühltruhe ca. 4 Stunden (alternativ im Gefrierfach sechs Stunden) gefrieren lassen.

3 Gelatine einweichen und ausdrücken. Sahne aufkochen und Kuvertüre, Rum sowie die eingeweichte und ausgedrückte Gelatine zugeben. Unter ständigem Rühren schmelzen lassen. Dann über einer Schüssel mit eiskaltem Wasser so lange rühren, bis die Masse lippenwarm ist. Das durchgefrorene Parfait auf ein Gitterblech stürzen und mit der temperierten Schokoladenglasur dünn überziehen. Das Parfait anschließend wieder gefrieren lassen.

Tipp: Das Parfait sollte durchgefroren sein, damit die Glasur beim Übergießen gleich stockt.

4 Die Hälfte der Erdbeeren mit Puderzucker und Grand Marnier mit dem Stabmixer mixen und durch ein Teesieb streichen. Restliche Erdbeeren in feine Würfel schneiden und unter die Sauce mengen.

Anrichten und Garnieren

Zum Anrichten das Parfait auf den Teller geben, das Erdbeerconfit daran geben und mit frischer Minze und Puderzucker garnieren. Mit der Glasursauce einen Strich ziehen.

Schneenockerln auf Amarettosauce und Brombeercoulis

4 Portionen

Der Name lässt eigentlich darauf schließen, dass Schneenockerln eine österreichische Erfindung sind. Aber das Cremegericht ist ein Abkömmling der bayerischen Vanillecreme. Nichtsdestotrotz behauptet man in Österreich, speziell in Wien, dass man ihnen ebenso wenig widerstehen kann wie einem süßen Wiener Mädel. Im Englischen und Spanischen werden die Schneenockerln als (in der jeweiligen Sauce) »schwimmende Inseln« bezeichnet.

Die Pochierflüssigkeit

1 l Milch
1 l Wasser
1 Vanilleschote
1 Prise Salz

Für die Schneenockerln

7 Eier
280 g Zucker
½ Zitrone
1 Prise Salz

Für das Brombeercoulis

200 g gefrorene Brombeeren
75 g Zucker
etwas Wasser

Für die Vanillesauce

75 g Zucker
4 Eigelb
400 ml von der Pochierflüssigkeit
20 ml Amaretto
etwas Schokoladensauce
etwas Kakaopulver
etwas Puderzucker
frische Minze zum Garnieren

Zubereitung

1 Eier aufschlagen und trennen, das Eiweiß (Eiklar) in einer gekühlten, absolut fettfreien Schüssel mit der Hälfte des Zuckers und 1 Prise Salz cremig schlagen. Zitrone auspressen und den Saft sowie den restlichen Zucker langsam nach und nach unter Rühren beigeben. Die Masse muss zu einem schnittfähigen Schnee geschlagen werden.

Tipp: Eiklar nicht zu kräftig und schnell schlagen, da sonst der Schnee flockig wird und nicht mehr richtig bindet.

2 In einem Topf mit möglichst großem Durchmesser Milch, Wasser, Vanilleschote und 1 Prise Salz aufkochen, bis die Flüssigkeit etwa 80 °C erreicht. Mit einem Suppenlöffel aus der Schneemasse 8 Nockerln formen und in die Flüssigkeit legen. Nach etwa 3 Minuten umdrehen und nochmals 3 Minuten ziehen lassen, dann die Schneenockerln herausnehmen und abkühlen lassen. Pochierflüssigkeit aufheben.

3 Eier aufschlagen und trennen, Zucker und Eigelbe in einer Schüssel vermengen und langsam mit der noch warmen Flüssigkeit auffüllen. 1 Schuss Amaretto zugeben (etwa ein Schnapsglas) und kaltstellen. Die restlichen Zutaten werden zum Garnieren verwendet.

4 Die Beeren waschen, gut abtropfen lassen und 150 Gramm mit dem Zucker und etwas Wasser aufkochen. Nicht zu viel Wasser nehmen. Es reicht, wenn die verteilten Beeren zur Hälfte bedeckt sind – sie sollen schön weich werden, mit der Gabel testen. Nach dem Kochen mit einem Pürierstab mixen und durch ein Sieb passieren. Nun den anderen Teil der Brombeeren ganz hinzugeben und kaltstellen.

Anrichten und Garnieren

Kakaopulver und Puderzucker vermischen. Die Vanillesauce auf dem Teller verteilen, die Nockerln darauflegen und mit dem Brombeercoulis überziehen, vor dem Servieren mit dem Kakaopulver-Puderzucker-Mix bestreuen, mit den Minzeblättern und Brombeeren dekorieren.

Schokoladenwasserfall

4 Portionen

Der Schokoladenwasserfall (englisch: Chocolate Fallen Cake) ist der Dessertklassiker an Bord der QUEEN MARY 2. Fragt man einen Kellner des Todd English Restaurants, so wird er bestätigen, dass dieses Gericht die erste Wahl bei der Bestellung eines Desserts ist, denn der Kuchen, aus dem die warme Schokolade nach dem ersten Anstich herausläuft, schmeckt wirklich jedem. Allerdings: Der Schokoladenwasserfall ist eine echte Kalorienbombe und man kann ihn nur im Todd English Restaurant bestellen.

Schokoladenmasse

300 g Kuvertüre mit hohem Kakao-Anteil
300 g Butter
250 g Zucker
200 g Mehl
9 Eier

Himbeermark

100 g Himbeeren
30 g Zucker
6 EL Wasser

Für die Garnitur:
100 g Vanilleeis
2 Erdbeeren
etwas frische Minze

Zubereitung

1 4 Küchenringe mit 6 Zentimeter Durchmesser mit Backpapier auslegen. Kuvertüre und Butter in einem Topf im Wasserbad schmelzen und zur Seite stellen. Zucker und Eier im Mixer bis zur Rose schlagen. Das Mehl durchsieben und unter die entstandene Creme unterheben. Danach den Kuvertüre-Butter-Mix langsam unterheben. Die Masse in die vorbereiteten Dessertringe verteilen, anschließend bei 170 °C für ca. 14 Minuten bei Umluft oder bei 185 °C Ober-/Unterhitze für 23 Minuten im Ofen backen. Aus dem Ofen nehmen, eine Minute setzen lassen, dann den Küchenring herausheben und das Papier vorsichtig abziehen.

2 Alle Zutaten für das Himbeermark in einem Topf einkochen lassen, durch ein Sieb passieren und kaltstellen.

Anrichten und Garnieren

Den Schokoladenwasserfall seitlich auf dem Teller anrichten, Himbeermark auf die eine Seite und eine Kugel Vanilleeis auf die andere Seite platzieren. Erdbeeren in Hälften schneiden und Vanilleeis mit einer ½ Erdbeere, Puderzucker und frischer Minze verzieren.

Tipp: Das Papier, das sich um das Schokoladendessert befindet, sehr vorsichtig abziehen, damit der äußere Mantel nicht einreißt, weil ansonsten die flüssige Schokolade im Inneren schon vor dem Servieren ausläuft.

Soufflierte Erdbeeren im Körbchen an Mangocoulis

4 Portionen

Für die Erdbeeren

200 g Erdbeeren
etwas Puderzucker
etwas Zitronensaft
etwas Cointreau

Für die Souffliermasse

2 Eier
70 g Zucker
10 ml Erdbeerlikör
etwas Puderzucker
etwas Minze

Für die Zuckerkörbchen

25 g Zucker
10 g Butter
17 g Glukose oder Golden Sirup
10 g Mehl

Für das Mangocoulis

1 Mango
75 g brauner Zucker
etwas Passoalikör (wahlweise Pfirsichlikör)

Zubereitung

1 Die Erdbeeren waschen, putzen und vierteln. Den Puderzucker mit dem Zitronensaft und dem Cointreau verrühren und die Erdbeeren für eine ½ Stunde darin einlegen.

2 Die Eier trennen, das Eiklar (Eiweiß) leicht aufschlagen, 1 Esslöffel Zucker hinzugeben und alles zu Schnee schlagen. Die Eigelbe mit dem restlichen Zucker und dem Erdbeerlikör schaumig schlagen. Diese Dottermasse vorsichtig unter die Schneemasse heben.

3 Butter, Zucker und Glukose in einer Schüssel vermengen. Mehl dazugeben und zu einem geschmeidigen Teig kneten, der dann im Kühlschrank für eine ½ Stunde ruhen muss.

4 Den Backofen auf 190 °C Umluft vorheizen, aus dem Teig 4 kleine Kugeln rollen. 2-mal Backpapier in der Mitte teilen, auf ein Blech geben und 1 der Kugeln auf jede Hälfte des Backpapiers legen und goldbraun backen. Das Blech herausnehmen und die Kugeln etwas abkühlen lassen, bevor das Backpapier jedoch komplett kalt ist müssen die beiden Kugeln samt Backpapier über ein umgedrehtes Glas gegeben und vorsichtig nach unten zu einem Körbchen geformt werden, dann Backpapier abziehen.

5 Die Mango schälen, Kern entfernen und eine Hälfte teilen und aufbewahren. Dann zusammen mit dem braunen Zucker und dem Passoalikör kurz aufkochen, nach dem Kochen mit Hilfe eines Mixstabes verrühren. Das Fruchtfleisch der aufbewahrten Mango kleinschneiden und zugeben, dann alles kaltstellen.

Tipp: Das Soufflé unbedingt sofort servieren, da es sonst zusammenfallen kann.

Anrichten und Garnieren

Die marinierten Erdbeeren in die Zuckerkörbchen geben und diese mit der Soufflémasse überziehen. Im vorgeheizten Backofen bei 200 °C überbacken, bis das Soufflé aufgegangen ist. Während des Backens Teller vorbereiten und mit dem Mangocoulis einen feinen Saucenspiegel bilden. Dazu mit einer kleinen Kelle oder einem Schöpflöffel ein wenig Coulis auf den Tellerboden geben und mit der Kelle kreisförmig vergrößern. Das fertige Soufflé neben den Saucenspiegel setzen, mit Puderzucker bestreuen, 1 aufgeschnittenen Erdbeere und der Minze garnieren und sofort servieren.

Tarte Tatin mit Vanilleeis und Calvados-Sabayon

4 Portionen

Die Tarte Tatin ist ein französischer Apfelkuchen, der nach seinen Erfinderinnen, den Schwestern Tatin, benannt ist. Die Tarte wird verkehrt herum gebacken, was ursprünglich ein Missgeschick der beiden Schwestern war: Einer der Damen fiel ein fertiger Kuchen herunter, natürlich genau auf die Seite mit den Früchten. Um den schönen Nachtisch nicht wegschmeißen zu müssen, sollen die Damen ihn mit den Äpfeln nach unten erneut in eine Form gelegt, mit frischem Teig bedeckt und noch einmal gebacken haben.

Tarte Tatin

500 g Äpfel (Boskoop)
75 g Butter
150 g Zucker
50 ml Wasser
200 g Blätterteig
4 Kugeln Vanilleeis
frische Minze, 4 Himbeeren zum Garnieren

Calvados-Sabayon

4 Eigelb (80 g)
40 ml Sekt
25 ml Calvados
45 g Zucker

Zubereitung

1 Äpfel schälen, entkernen und in ca. 1½ Zentimeter dicke Spalten schneiden. Butter und Zucker in der Pfanne schmelzen, Apfelspalten dazugeben und 2 Minuten köcheln lassen, dann die Äpfel herausnehmen. Butter und Zucker mit Wasser zu Karamell weiterkochen. Karamell in den Tarteletteförmchen (wer keine besitzt, kann auch eine Pizza- oder andere Keramikform verwenden) verteilen und mit den Äpfeln eine schöne Rosette darauf setzen. Mit einer 2 Millimeter dicken, rund ausgestochenen Blätterteigscheibe bedecken. Bei 220 °C im Backofen 15–20 Minuten backen und sofort stürzen.

***Tipp:** Um die beste Zubereitung zu garantieren ausschließlich Boskoopäpfel verwenden, da sie nicht zu sauer sind und den Karamell sehr gut aufnehmen.*

2 Alle Zutaten in einem Topf über Wasserdampf schaumig aufschlagen und erwärmen. Sobald die Sabayon schön schaumig ist, herunternehmen und sofort zum Garnieren verwenden.

Anrichten und Garnieren

Die warme Tarte Tatin auf den Teller geben, pro Portion eine Kugel Vanilleeis daranlegen, mit der Sabayon überziehen, mit einem Minzeblatt und 1 Himbeere verzieren und anschließend sofort servieren.

Exotischer Früchtetian mit Hüttenkäse auf Ananasbeet

4 Portionen

Für den Früchtetian

1 Mango	*½ Cantaloupe-Melone*
1 Papaya	*½ Limette (Saft)*
1 Ananas	*1 EL brauner Zucker*
2 Kiwi	*150 g Hüttenkäse*
1 Banane	*Minze zum Garnieren*
8 große Erdbeeren	

Zubereitung

1 Alle Früchte bis auf die Ananas und 2 Erdbeeren schälen und in etwa 5 Millimeter große Würfel schneiden. Mit dem Limettensaft beträufeln, braunen Zucker zugeben und mit dem Hüttenkäse vermischen.

2 Ananas schälen und in ca. 2 Millimeter dünne Scheiben schneiden. 2 Erdbeeren für die Garnitur zur Seite legen, später dann halbieren.

Tipp: Beim Kauf aller Früchte darauf achten, dass die exotischen Früchte reif sind. Nur dann ist Süße und voller Geschmack garantiert.

Anrichten und Garnieren

Aus der Masse mit Hilfe von 8 Zentimeter großen Ringen etwa 3 Zentimeter hohe Tians bilden. Je 3 hauchdünn geschnittene Ananasscheiben überlappend in die Mitte eines Tellers legen, dann den Früchtetian daraufsetzen und mit den halben Erdbeeren, etwas Frischkäse sowie Minze dekorieren.

Topfen-Himbeer-Soufflée mit Vanilleeis

4 Portionen

Für die Masse

125 g Sahne
125 g Magerquark
4 Eier
50 g Zucker
250 g gefrorene Himbeeren
60 g Maisstärke
½ Zitrone (Schale)

Für die Himbeersauce

250 g gefrorene Himbeeren
½ Zitrone (Schale)
etwas Vanillezucker

Zubereitung

1 Backofen auf 170–180 °C Umluft vorheizen. Zuerst Eier trennen. Sahne schlagen, dann Magerquark, Eidotter, die Hälfte des Zuckers, Maisstärke und Zitronenschale dazugeben und schaumig rühren. Eiweiß mit dem anderen Teil Zucker sehr steifschlagen und unter die Topfenmasse ziehen.

2 Himbeeren abtropfen lassen, mit dem Vanillezucker und der abgeriebenen Zitronenschale verquirlen. Souffleeförmchen mit Butter ausstreichen und mit Zucker ausstreuen. Himbeeren darin verteilen und die Masse einfüllen.

***Tipp:** Während der Backzeit keinesfalls den Ofen öffnen. Durch die Kaltluftzufuhr würde das Soufflée zusammenfallen. Deswegen auch möglichst schnell servieren. Das Zusammenfallen hat zwar keinerlei Auswirkungen auf den Geschmack, sieht aber nicht gut aus.*

Anrichten und Garnieren

Das Souffle im vorgeheizten Backofen ca. 30–40 Minuten bei 170–180 °C backen und mit Puderzucker bestreuen. Vanilleeiskugel mit frischer Minze garnieren und Himbeersauce darübergießen.

Mousse au Chocolat von Orangen-, Limetten- und Traubenschokolade auf Feigenkompott an Haselnuss-Orangenhippen

4 Portionen

Mousse au Chocolat ist die klassische französische Nachspeise. Im Unterschied zum herkömmlichen Schokoladenpudding ist sie wesentlich leichter und lockerer, man spricht deshalb von einer Schaumspeise. Abweichend von der klassischen Zubereitungsmethode mit dunkler Schokolade gibt es zahlreiche Varianten. Die Geschmacksrichtung lässt sich nicht nur durch die Verwendung von aromatisierten Schokoladensorten, sondern auch ganz leicht durch die Beigabe von Likör und anderen Spirituosen beeinflussen. So kann man selbst immer wieder neu experimentieren. Eine Mousse au Chocolat sollte immer frisch zubereitet und wegen des rohen Eigelbes nie länger als einen Tag im Kühlschrank aufbewahrt werden.

Für die 3 Mousse

jeweils: *3 Eidotter*
30 g Puderzucker
150 ml Sahne
Mousse 1: *65 g Orangenschokolade*
Mousse 2: *65 g Limettenschokolade*
Mousse 3: *65 g Traubenschokolade*

Für die Orangenhippen

1 Orange
80 ml Sahne
85 g Zucker
1 EL Butter
1 EL Honig
150 g geriebene Haselnüsse
4 Erdbeeren

Für das Feigenkompott

6 frische Feigen
100 g Zucker
Fruchtlikör (sehr schön mit Feige harmoniert Kirschlikör)
etwas Wasser
etwas Minze

Zubereitung

1 Die Eidotter gemeinsam mit Puderzucker in eine Schüssel geben und zuerst über einem heißen Wasserbad warm, dann über Eis kalt schaumig aufschlagen. Die Schokolade im Wasserbad sanft (nicht über 36 °C) temperieren und mit der Dottermasse glattrühren. Sahne schlagen, unterheben und die Mousse mindestens 3 Stunden kühlstellen. Mit einem in heißes Wasser getauchten Suppenlöffel Nocken ausstechen und anrichten.

***Tipp:* Nach dem Grundrezept lassen sich selbstverständlich auch alle anderen Mousse-Geschmacksrichtungen zubereiten. Bei der Verwendung von weißer Schokolade empfiehlt sich die Beigabe von 3 Blatt Gelatine.**

2 Die Feigen waschen, vom Stiel befreien, vierteln und mit dem Zucker, Likör und etwas Wasser weichkochen. Anschließend mit dem Pürierstab ganz kurz mixen, kaltstellen und die Minze feinhacken und zugeben.

3 Orange gut waschen, trocknen und die Schale abreiben (dabei darauf achten, dass nur der obere orange Teil verwendet wird). Sahne mit Zucker, Butter, geriebener Orangenschale und Honig aufkochen. Haselnüsse zugeben, Masse glattrühren und 1 Stunde kaltstellen. Gekühlte Masse in gewünschter Form dünn auf eine Silikonmatte oder ein eingefettetes Backblech aufstreichen und im vorgeheizten Backrohr bei 200 °C Umluft ca. 5 Minuten goldgelb backen. Vorsichtig lösen und noch warm über einen Kochlöffel biegen.

Anrichten und Garnieren

Die Nocken auf den Teller geben, den Hippen auf der anderen Seite dazugeben. Feigenkompott hineingeben, mit etwas Sahne, 2½ Erdbeeren und etwas Minze dekorieren. Etwas Sauce vom Kompott dazugeben und mit Puderzucker bestreuen.

2004 machte die QUEEN MARY 2 zum ersten Mal am Hamburg Cruise Center in der Hafencity fest.

Bildnachweis:
WideViewPics/Michael Schreiber: Vorsatz vorne, S. 15 (QUEEN MARY 2 im Dock bei Blohm + Voss)
Cunard Line: Seite 8, 11, 12, 13, 14, 15, 16, 19, 20, 21, 22, 23, 24, 26, 27, 156, Vorsatz hinten
Ingo Thiel: Seite 18, 28, 29
Klaus Kremer: Seite 25, 26, 28, 30–155

QUEEN MARY 2 – Auf einen Blick

Länge	345 Meter
Breite	42 Meter
Höhe (Kiel bis Mastspitze)	72 Meter
Tonnage	150.000 BRZ
Tiefgang	10,3 Meter
Maximalgeschwindigkeit	32 Knoten
Betriebsgeschwindigkeit	24–26 Knoten
PS	157.168 PS
Passagiere	2.620
Crew	1.300

Werft	Chantiers l´Atlantique St. Nazaire, Frankreich
Kiellegung	04.07.2002
Stapellauf/Ausdocken	20.03.2003
Taufe	08.01.2004
Taufpatin	Queen Elizabeth II.
Heimathafen	Southampton
Flagge	Großbritannien
Raumzahl	57,25 (Tonnage geteilt durch Passagierzahl)

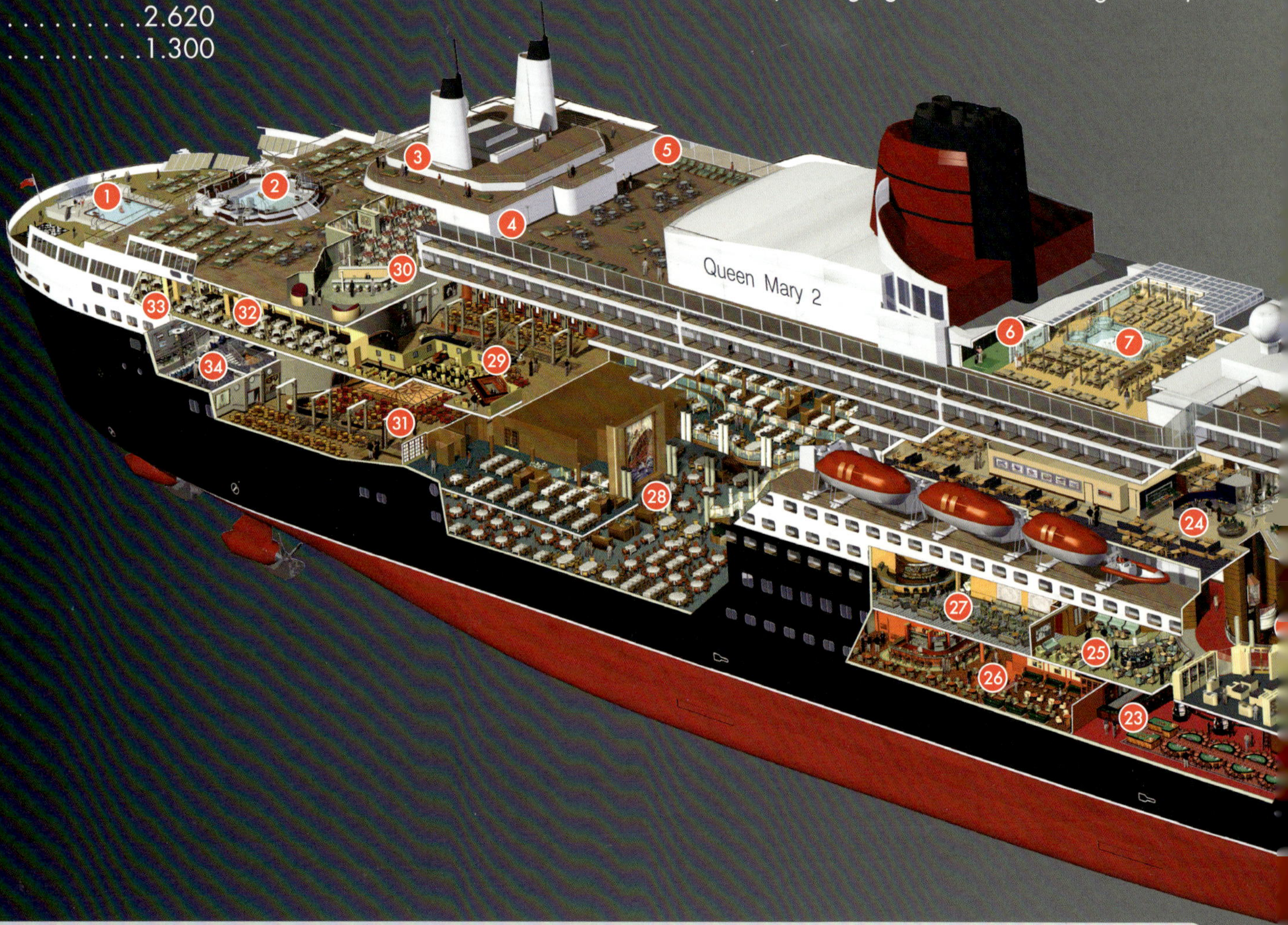

Fakten QUEEN MARY 2

Die QUEEN MARY 2 überragt mit ihren 72 Metern Höhe die Freiheitsstatue und ist mit 345 Metern länger als vier Jumbo Jets.
872 Doppeldeckerbusse haben weniger Kraft als die QUEEN MARY 2 mit ihren 157.000 PS.
Mit 151.400 BRZ ist sie doppelt so groß wie die QUEEN ELIZABETH 2.
Ihre elektrische Anlage könnte Strom für eine Stadt mit 200.000 Einwohnern erzeugen.